ERNST STEINDORFF

Der Gleichheitssatz im Wirtschaftsrecht
des Gemeinsamen Marktes

SCHRIFTENREIHE
DER JURISTISCHEN GESELLSCHAFT e.V.
BERLIN

Heft 19

Berlin 1965

WALTER DE GRUYTER & CO.

vormals G. J. Göschen'sche Verlagshandlung · J. Guttentag, Verlagsbuchhandlung

Georg Reimer · Karl J. Trübner · Veit & Comp.

Der Gleichheitssatz im Wirtschaftsrecht
des Gemeinsamen Marktes

Von

Dr. Ernst Steindorff

o. Professor an der Universität München

Vortrag
gehalten vor der
Berliner Juristischen Gesellschaft
am 24. Juni 1964

Berlin 1965

WALTER DE GRUYTER & CO.

vormals G. J. Göschen'sche Verlagshandlung · J. Guttentag, Verlagsbuchhandlung
Georg Reimer · Karl J. Trübner · Veit & Comp.

Archiv-Nr. 2 727 65 1/2

Satz und Druck : §§ Saladruck, Berlin 65

I.

Dem Gleichheitssatz kommt für das Wirtschaftsrecht der europäischen Gemeinschaften: der Gemeinschaft für Kohle und Stahl, der Wirtschaftsgemeinschaft und der Atomgemeinschaft, eine wesentliche Bedeutung zu. Das hat der heutige Präsident der EWG-Kommission, Professor Dr. Walter *Hallstein*, bereits in einem Vortrag vor Unterzeichnung des Vertrags zur Gründung der EGKS hervorgehoben[1]. In jener Zeit spielte noch das Wiedererringen der Gleichberechtigung für Deutschland eine große Rolle; für die deutsche Montanindustrie im besonderen ging es darum, die im Ruhrstatut auferlegten Belastungen[2] sowie drückende Regelungen des Besatzungsrechts[3] gegen eine die europäischen Staaten gleich behandelnde Ordnung einzutauschen. Heute steht die Aufgabe im Vordergrund, den Gleichheitssatz und das ihm entsprechende Diskriminierungsverbot als Instrument der Wirtschaftsverfassung im Gemeinsamen Markt auszugestalten. Dieser Aufgabe dienen die folgenden Ausführungen. Sie konzentrieren sich im Rahmen dieser Aufgabe auf die Frage nach den Folgerungen, die aus dem Gleichheitssatz für das Verhalten der Mitgliedstaaten im Gemeinsamen Markt zu ziehen sind.

II.

1. Zwei denkbare Antworten auf die Frage seien von vornherein ausgeschlossen.

a) Die eine sieht im Gleichheitssatz auch für das europäische

---

[1] *Hallstein*, Der Schuman-Plan (Frankfurter Universitätsreden, Heft 5, 1951), S. 11/12; ders., in „Ansprachen anläßlich der Internationalen Frankfurter Messe, 11. bis 16. März 1951", S. 15. Vgl. dazu die Zitate bei *Steindorff*, Europa-Archiv 1951, 3955 (3957) und RabelsZ 21 (1956), 270 (280f.).

[2] Dazu *Ophüls*, NJW 1952, 161.

[3] Vor allem durch Produktions- und Kapazitätsbeschränkungen in Ges. Nr. 61 zur Änderung des Ges. Nr. 24 der Alliierten Hohen Kommission und der dazu erlassenen 6. DVO (ABl. der AHK v. 29. 8. 1951 S. 1047 und 1072).

Gemeinschaftsrecht nicht viel mehr als ein Willkürverbot[4]. Sie ist vor allem zur EGKS vertreten worden[5]. Bei solcher Betrachtung hat der Gleichheitssatz keine große praktische Bedeutung. Ursächlich ist hierfür, daß das bloße Willkürverbot keine Beschränkung der Gründe kennt, die eine ungleiche Behandlung zu rechtfertigen vermögen. Jeder unter irgendeinem Gesichtspunkt sachliche Grund läßt nach den Maßstäben des Willkürverbots eine Differenzierung als gerecht erscheinen.

Im Gemeinschaftsrecht setzt der Gleichheitssatz aber engere Grenzen. Als Beispiel diene Art. 95 EWG-Vertrag. Er verbietet den Staaten, die aus anderen Staaten kommenden Waren höher als konkurrierende inländische Erzeugnisse zu besteuern. Absatz 2 des Art. 95 stellt klar, daß dieses Verbot den Schutz inländischer Erzeuger durch eine hohe Besteuerung ausländischer Waren verhindern soll. Die Ausrichtung auf diesen Schutzzweck konkretisiert den Gleichheitssatz; sie schränkt damit die eine Differenzierung rechtfertigenden Gründe ein, und sie erweitert im Ergebnis die Wirkung des Diskriminierungsverbots. Ähnliches gilt allgemein für den Gleichheitssatz im Gemeinsamen Markt, der sich deshalb vom bloßen Willkürverbot unterscheidet.

b) Die Suche nach Kriterien für die Konkretisierung des Gleichheitssatzes führt u. a. zu einem Urteil des Gerichtshofes der Europäischen Gemeinschaften, in dem es zum Recht der EGKS (bei einiger Vereinfachung) heißt[6], daß eine Ungleichbehandlung (stets) unzulässig sei, soweit sie zu einer Beeinträchtigung oder Verfälschung des Wettbewerbs führt. Eine solche Konkretisierung schränkt jedoch den Kreis der eine Differenzierung rechtfertigenden Gründe jedenfalls für die EWG zu weitgehend ein; sie würde, als Gegenpol zum bloßen Willkürverbot, das Diskrimi-

---

[4] Dazu neigt in gewissem Umfang *Wengler*, Rechtsgleichheit und Vielheit der Rechte, Festschrift zum 100jährigen Bestehen der deutschen Juristentages, 1960, Bd. I, S. 239, 252 f. Willkürverbot wird hier in dem Sinn verstanden, daß der Gleichheitssatz nur äußerste Grenzen setzt, nicht aber zu engen Normen führt; so etwa *Ipsen*, Gleichheit, bei *Neumann-Nipperdey-Scheuner*, Die Grundrechte, Bd. II, S. 111 ff., bes. S. 158 ff.
[5] Etwa *von Köhler*, DB Beilage 15/57; *Imkamp*, Prijsdiscriminatie in Amerika en in het EGKS-Verdrag, 1958, S. 151 ff., 223.
[6] Urteil in den verbundenen Rechtssachen 32/58 und 33/58 v. 17. 7. 1959, RsprGH V, 319.

nierungsverbot zu einer allzu starken Waffe ausgestalten. Als Beweis genüge hier der Hinweis auf die Art. 92 ff. EWG-Vertrag. Danach sind Subventionen zwar weitgehend verboten, unter gewissen Voraussetzungen aber zulässig, obwohl sie den Wettbewerb verfälschen. Nach der hier zitierten These des Gerichtshofes der Europäischen Gemeinschaften müßten alle Subventionen unzulässig sein, weil die Empfänger mit der Gewährung der Subventionen anders behandelt würden als die nicht durch Subventionen begünstigten Personen und weil hierdurch die Wettbewerbsbedingungen jedenfalls dann verfälscht werden, wenn die durch Subventionen begünstigten mit nicht begünstigten Unternehmen konkurrieren. Wenn Art. 92 EWG-Vertrag gewisse Subventionen trotzdem zuläßt[7], so muß gefolgert werden, daß ein anderes tertium comparationis als die Wettbewerbsverfälschung für die Anwendung des Gleichheitssatzes bestimmend ist[8].

2. Als Hilfsmittel bei der Suche nach einem solchen tertium comparationis soll hier eine Unterscheidung vor allem zwischen drei Fallgruppen versucht werden: internationale Diskriminierung durch einzelne Staaten (III); unterschiedliche staatliche Rechtsordnungen innerhalb der Gemeinschaft (IV); innerstaatliche Diskriminierungen (VI).

III.

1. Die Funktion des Verbots internationaler Diskriminierungen ist leicht erkennbar, wenn die Meistbegünstigungsklausel und das Gebot der Inländerbehandlung miteinander verglichen werden.

a) Die beispielsweise im GATT[9] oder in zahlreichen bilateralen Verträgen begründete Meistbegünstigungspflicht bedeutet,

---

[7] Insbesondere in Art. 92 Abs. 3. In den Fällen des Art. 92 Abs. 2 läßt sich wohl eine Wettbewerbsverfälschung ausschließen. Art. 92 Abs. 3 dürfte dagegen in seiner Funktion dem Art. 85 Abs. 3 entsprechen, der Vereinbarungen ermöglicht, obwohl sie den Wettbewerb beschränken oder verfälschen.

[8] In der EGKS sind Subventionen strenger verboten als in der EWG, so daß die hier angeführte, auf die EGKS bezogene Auffassung des Gerichtshofes nicht gegen das geltende Recht verstößt.

[9] General Agreement on Tariffs and Trade, Art. I (deutsche Fassung in Band 19 der Schriftenreihe zum Handbuch für Europäische Wirtschaft, 1961).

daß der verpflichtete Staat Vorteile, die er im Außenhandel einem anderen Staat einräumt — z. B. in der Form einer Zollsenkung —, auf seinen oder seine Vertragspartner ausdehnen muß[10]. Damit wird im Interesse eines multilateralen Außenhandels bewirkt, daß Handelserleichterungen wie z. B. Zollzugeständnisse nicht auf einen Staat beschränkt bleiben. Dies trägt zur Optimierung des Welthandels bei[11]: Beispielsweise wird der Importeur des verpflichteten Staates nicht mehr durch Zollzugeständnisse an Staat A veranlaßt, vorzugsweise aus diesem Staat A einzuführen, obwohl die Angebote aus Staat B an sich, d. h. abzüglich der Zolldifferenz, billiger sind. Werden die Zugeständnisse auch auf Staat B ausgedehnt, so verliert der Zoll seinen Einfluß auf die Entscheidung des Importeurs. Andere Faktoren, insbesondere der vom Zoll unabhängige Preis können statt dessen wirksam werden.

b) Die Meistbegünstigungsklauseln gebieten aber nur, ausländische Angebote unter sich gleichzubehandeln. Das Verbot internationaler Diskriminierung kann dagegen weitergehenden Zielen dienen und die Gleichstellung des ausländischen auch mit dem inländischen Angebot anordnen[12]. Bei konsequenter Durchführung müßten nicht nur die Einfuhrzölle für die Einfuhren aus allen Staaten gleich bemessen, sondern sie müßten zur Gleichstellung des ausländischen mit dem inländischen Angebot völlig abgeschafft werden. Auch andere Bevorzugungen inländischer Angebote müßten entfallen: so etwa eine Belastung der Importware mit erhöhten Verbrauchssteuern, oder etwa Beimischungsbestimmungen, die — wie z. B. das deutsche Tabaksteuerrecht[13] —

---

[10] Dazu etwa Seyid *Muhammad*, The Legal Framework of World Trade, 1958, S. 126 ff.; *Jaenicke* bei Strupp-Schlochauer, Wörterbuch des Völkerrechts II (1961), S. 497, Stichwort: Meistbegünstigungsklausel; *Steinberger*, GATT und regionale Wirtschaftszusammenschlüsse, Bd. 41 der Beiträge zum ausländischen öffentlichen Recht und Völkerrecht, 1963, S. 45 f.; *Zinser*, Das GATT und die Meistbegünstigung, Bd. 24 der Schriftenreihe zum Handbuch für Europäische Wirtschaft, 1962; *Schwarzenberger*, ZHR 125 (1963), 293 (304).

[11] Dazu etwa *Imhoff*, GATT, Kommentar, 1952, S. 46; *Möller*, Internationale Wirtschaftsorganisation, 1960, S. 76; *Zinser*, a. a. O., S. 118 ff.

[12] Zur Unterscheidung vgl. *Zinser*, a. a. O. S. 54, 58; *Muhammad*, a. a. O. S. 126, 167; *Zimmermann*, Die Preisdiskriminierung im Recht der EGKS, 1962, S. 39 f.

[13] § 3 Abschnitt c TabStG v. 6. 5. 1953 (BGBl. I S. 169).

den Erzeugern eine Steuererleichterung gewähren, falls diese eine bestimmte Menge inländischer Erzeugnisse verarbeiten.

Werden — wie z. B. im GATT[14] — Diskriminierungen auch dieser Art verboten, so spricht man von einem Gebot der „Inländerbehandlung"[15]: Ausländer sollen wie Inländer behandelt werden. Insoweit entfällt die Bedeutung der staatlichen Grenzen für den Handelsverkehr: Der Außenhandel vollzieht sich in diesem Umfange wie in einem Binnenmarkt. Der auf den Inlandsmarkt verweisende Begriff der Inländerbehandlung bringt dies sinnfällig zum Ausdruck.

c) Der Gemeinsame Markt soll dem Zustand eines Binnenmarktes angenähert werden. Es ist deshalb nicht verwunderlich, daß das Diskriminierungsverbot in der Form des sogenannten Gebots der Inländerbehandlung hier eine besondere Ausgestaltung erfahren hat und daß es im Gemeinschaftsrecht eine zentrale Stellung einnimmt[16]. Dies soll im einzelnen hier gezeigt werden. Dabei wird zur Vereinfachung von internationaler Diskriminierung nur im Sinne eines Verstoßes gegen die Gebote der Inländerbehandlung, also einer Unterscheidung zwischen Inländern und Ausländern, inländischer und ausländischer Ware usw. gesprochen werden.

---

[14] Art. III Absatz 2 S. 1 GATT lautet: „Waren, die aus dem Gebiet einer Vertragspartei in das Gebiet einer anderen Vertragspartei eingeführt werden, dürfen weder direkt noch indirekt höheren inneren Abgaben oder sonstigen Belastungen unterworfen werden als gleichartige inländische Waren." Zur Entstehungsgeschichte dieser Bestimmung vgl. *Brown*, The U. S. and the Restoration of World Trade, 1950, bes. S. 108.

[15] Zum Begriff der Inländerbehandlung vgl. u. a. *Dahm*, Völkerrecht, Bd. I 1958, S. 503, 505; *Schindler*, Gleichberechtigung von Individuen als Problem des Völkerrechts, 1957, S. 54 ff.; *Jaenicke* bei Strupp-Schlochauer, Wörterbuch des Völkerrechts, I (1960), S. 691, Stichwort: Gleichbehandlung; *Schwarzenberger*, a. a. O. S. 304; *Zimmermann*, a. a. O. S. 39 f.; *Oppenheim-Lauterpacht*, International Law, 7th ed., Vol. I, S. 627 §§ 320, 321; *Borchard*, The minimum standard of the treatment of aliens, Mich. L. Rev. 38 (1940), 445; *Roth*, The minimum standard of international law applied to aliens, Leiden 1949, S. 59 ff.; *Sibert*, Traité de droit international public, I, 1951, S. 600, 614; *Guggenheim*, Traité de droit international public, I, 1953, S. 344; *Balladore Pallieri*, Diritto Internazionale Pubblico, 1962, S. 388 ff.

[16] Dazu für Art. 95 EWG-Vertrag im Zusammenhang mit der grundlegenden Bedeutung der Art. 9 und 12 EWG-Vertrag für den Gemeinsamen Markt die Entscheidung des Gerichtshofs der Europäischen Gemeinschaften in den verbundenen Rechtssachen 2 und 3/62 v. 14. 12. 1962, RsprGH VIII, 881.

2. Das Verbot dieser internationalen Diskriminierung gilt im Gemeinsamen Markt im Sinne einer Mindestbestimmung, und es ist weitgehend unabdingbar.

a) Als Beispiele für die Geltung i. S. einer Mindestbestimmung seien zunächst die Art. 76 und 95 EWG-Vertrag genannt. Für Verkehrswesen und Besteuerung sieht der EWG-Vertrag die allmähliche Entwicklung von Regelungen vor, damit alle denkbaren Hindernisse für den Gemeinsamen Markt beseitigt werden. Aber vor allen diesen Regelungen bestimmen die Art. 76 und 95, daß die den Ausländer oder die ausländischen Waren höher als Inländer oder inländische Waren belastenden Tarife zu beseitigen sind. Mindestens die Inländerbehandlung muß also gewährt werden, auch wo die weiteren Regelungen noch ausstehen.

Diese Funktion des Diskriminierungsverbots wird durch Art. 42 EWG-Vertrag bestätigt. Art. 42 schließt die Anwendung gewisser Wettbewerbsbestimmungen auf die Landwirtschaft zunächst aus. Aber er nennt nicht Art. 7 und Art. 95. Das Diskriminierungsverbot dieser Artikel ist also auch auf die Landwirtschaft sofort anwendbar. Wiederum zeigt sich, daß dieses Verbot als Mindestnorm gilt, auch wo weitere Regelungen noch ausstehen oder noch unanwendbar sind[17].

b) Unabdingbar ist das Verbot der internationalen Diskriminierung in dem Sinne, daß es regelmäßig ohne Ausnahmen gilt. Die gegen Subventionen oder Wettbewerbsbeschränkungen gerichteten Bestimmungen des EWG-Vertrages sehen z. B. Ausnahmen vor[18]. Das Verbot internationaler Diskriminierung ist

---

[17] Die Auffassung von R. *Schmidt*, VersR 1964, 545 (550), auch das Diskriminierungsverbot sei aus den Vertragszielen und Regeln über die Politik der Gemeinschaft in ihrer jeweiligen Konkretisierung zu verstehen, wie sie das Gesamtvorschriftenwerk des EWG-Rechts widerspiegelt, kann ich deshalb nicht teilen. Der Zusammenhang der EWG-Normen schließt nicht aus, daß diese Normen unterschiedlich zu bewerten sind. Dazu schon meine Beiträge: Die Vertragsziele der Europäischen Gemeinschaft für Kohle und Stahl als Rechtsvorschriften und Richtlinien in Berichte der Deutschen Gesellschaft für Völkerrecht Heft 2 1958, S. 94 ff.; ferner in BB 1958, 89 und ZHR 124 (1962), 182.

[18] Ausnahmeregelungen finden sich etwa in Art. 42 für die Landwirtschaft, Art. 77 für den Verkehr und Art. 90 Absatz 2 für die dort genannten Unternehmen; außerdem erlauben schon Art. 92 Absatz 2 und 3 sowie Art. 85 Absatz 3 besondere Ausnahmen.

dagegen strikt. Nur der Zeitpunkt und die Art seines Wirksam-
werdens sind in einzelnen Bestimmungen hinausgeschoben oder
besonders geregelt. Im übrigen aber eröffnet das Gemeinschaftsrecht für die bisher erwähnten Fälle internationaler Diskriminierung keine Möglichkeit zu Ausnahmegenehmigungen oder
Abweichungen. Als Beispiel diene der schon erwähnte Art. 42.
Er sieht Ausnahmen von Wettbewerbsnormen für die Landwirtschaft vor, aber er duldet keine Ausnahme vom Diskriminierungsverbot des Art. 95.

Diese Regelung des positiven Rechts entspricht dem zu Art. 95
schon angedeuteten besonderen Schutzzweck des Verbots: es soll
verhindern, daß ausländische Güter mit erhöhten Tarifen oder
Steuern belastet und hierdurch wie durch Zölle vom Inlandsmarkt ferngehalten werden. Die Zölle müssen innerhalb des
Gemeinsamen Marktes ohne Ausnahme beseitigt werden, denn
die Zollunion ist die Grundlage dieses Marktes (Art. 9 EWG-
Vertrag); sie ist die Voraussetzung für den binnenmarktähnlichen Zustand. Da das Verbot der internationalen Diskriminierung demselben Zweck dient wie die Abschaffung der Zölle,
muß es grundsätzlich ebenfalls ohne Ausnahme gelten.

c) Die Ausgestaltung des die Inländerbehandlung garantie-
renden Diskriminierungsverbots zu einer unabdingbaren Mindestnorm entspricht seiner Bedeutung für den Gemeinsamen
Markt. Das Diskriminierungsverbot ist eines der wesentlichen
Instrumente, mit denen dieser Markt dem Zustande eines Binnenmarktes angenähert werden kann.

3. Es bleibt die Aufgabe, die bisher getroffenen Feststellungen
zu vertiefen und zu verdeutlichen und Folgerungen zu ziehen.

a) Zutreffend hat der Gerichtshof der Europäischen Gemeinschaften Folgerungen aus dem Verbot internationaler Diskriminierung gezogen, als er über eine Kartellgenehmigung zu entscheiden hatte[19]. Wettbewerbsbeschränkungen können unter gewissen Voraussetzungen nach Art. 65 § 2 EGKS-Vertrag ebenso
wie nach Art. 85 Abs. 3 EWG-Vertrag genehmigt werden. Der

---

[19] Urteil in der Rechtssache 2/56 vom 20. 3. 1957, RsprGH III, 13, 44 f.

Gerichtshof hat in einem zum Recht der EGKS entschiedenen
Fall ausgesprochen, daß die Genehmigungsfähigkeit aufhört, wo
eine Wettbewerbsbeschränkung zu internationalen Diskriminierungen führt. Hervorzuheben ist vor allem, daß der Gerichtshof
diese Entscheidung getroffen hat, obwohl die zu beurteilende
Wettbewerbsbeschränkung möglicherweise alle nach Art. 65 § 2
für eine Genehmigung erforderlichen Voraussetzungen erfüllte
und obwohl diese Spezialbestimmung nichts davon sagt, daß
international diskriminierende Wettbewerbsbeschränkungen von
einer Genehmigung auszuschließen sind. Dies bedeutet, daß der
Gerichtshof das Verbot internationaler Diskriminierung auch
ohne ausdrückliche Regelung in der Spezialvorschrift für verbindlich erachtet hat. Das konnte er nur tun, weil er zutreffend diesem
in den Grundsatzbestimmungen des EGKS-Vertrages (Art. 46)
enthaltenen Verbot eine vorrangige Bedeutung zuerkannte[20]. Der
Gerichtshof hat damit zugleich ausgesprochen, daß mindestens
dieses Verbot gelten muß, wenn schon Beschränkungen des Wettbewerbs zulässig sein mögen. Er hat zugleich mitentschieden, daß
dieses Verbot unabdingbar ist, denn die für Wettbewerbsbeschränkungen vorgesehene Genehmigungsmöglichkeit erstreckt
sich nicht auf die Fälle internationaler Diskriminierung. Das
Urteil bestätigt also die hier vorausgestellten Thesen, und es
zeigt, wie Folgerungen aus den getroffenen Feststellungen zu ziehen sind.

b) Eine Ausnahme von der hier getroffenen Feststellung macht
Art. 90 Abs. 2 EWG-Vertrag. Danach gelten die Vertragsbestimmungen nicht für Unternehmen, die mit Dienstleistungen von
allgemeinem wirtschaftlichen Interesse betraut sind oder den
Charakter eines Finanzmonopols haben, soweit die Anwendung

---

[20] So auch *Steindorff*, ZHR 124 (1962), 207 und in Berichte der Deutschen
Gesellschaft für Völkerrecht, Heft 2, 1957, S. 94, bes. S. 106/107. In der EGKS
folgt dieser Vorrang auch daraus, daß die Grundsatzbestimmungen unmittelbar und nicht etwa nur als Programmsätze gelten; dazu zuletzt *Zimmermann*,
a. a. O., S. 22. *Mestmäcker*, JZ 64, 441 (445), deutet das Diskriminierungsverbot als Verbotsgesetz im Sinne des § 134 BGB, und er scheint erwägen
zu wollen, aus diesem Grunde diskriminierenden Wettbewerbsbeschränkungen die Genehmigung nach Art. 85 Abs. 3 EWG-Vertrag stets zu versagen
(a. a. O. Fußn. 46). Das ginge vielleicht zu weit. Ich ziehe einstweilen vor, die
Genehmigungsfähigkeit regelmäßig nur für international diskriminierende
Wettbewerbsbeschränkungen zu verneinen.

die Erfüllung der ihnen übertragenen besonderen Aufgaben verhindert. Die EWG-Kommission mußte sich mit dieser Vorschrift z. B. anläßlich der Empfehlungen zu staatlichen Monopolen (Zündholz-, Tabak- oder Alkoholmonopol) auseinandersetzen, für die Art. 37 das Diskriminierungsverbot im Sinne einer Mindestnorm enthält. Gewiß steht auch dieses Verbot unter dem Vorbehalt des Art. 90 Abs. 2. Die Kommission hat aber in ihren Empfehlungen zum Ausdruck gebracht, daß die Anwendung des Diskriminierungsverbots auf die Einfuhren durch die Monopole, also auf den Vertrieb in- und ausländischer Produkte durch diese Monopole deren besonderen Aufgaben nicht entgegenstehe[21]. Deshalb könne das Diskriminierungsverbot des Art. 37 erzwungen werden. Damit hat die Kommission wenigstens auf diesem Wege das Diskriminierungsverbot als Mindestnorm wirksam gemacht. Hier entspricht also wenigstens die Praxis unserer These.

c) Die zunächst am Beispiel der Kartellgenehmigung entwickelte Folgerung läßt sich formal auch dahin fassen, daß das Verbot internationaler Diskriminierung bei einer Konkurrenz mit anderen Normen einen einseitigen Vorrang hat. Zur Verdeutlichung diene nunmehr das Verhältnis zwischen Diskriminierungsverbot und Subventionsverbot. Insbesondere bei Exportsubventionen können beide Tatbestände zusammentreffen. Man hat erwogen, internationale Diskriminierungen auch mit dem Mittel des Subventionsverbots zu bekämpfen, soweit das Diskriminierungsverbot in einzelnen Ausprägungen noch nicht wirksam war[22]. Dieses Verbot kann also von anderen Normen ergänzt und unterstützt werden. Aber es kann nicht verdrängt werden. Es ist — ähnlich wie eine tarifvertragliche Regelung — einseitig unabdingbar. Dies bedeutet, daß ein Verstoß gegen das Gebot

---

[21] Vgl. etwa die Empfehlungen der Kommission vom 23. 6. 1962, ABl. 1962 S. 1500 ff. und vom 26. 11. 1963, ABl. 1963, S. 2857 f.

[22] Entsprechend wurde etwa die Anwendbarkeit der Subventionsvorschriften auf Fälle einer Steuerdiskriminierung während der 1. Vertragsstufe der EWG erörtert, als Art. 95 Abs. III EWG-Vertrag noch unmittelbare Rechtsfolgen des Steuerdiskriminierungsverbotes ausschloß. Dazu schon Bericht der Delegationsleiter an die Außenminister (Spaak-Bericht), 1956, S. 61; ferner 3. Gesamtbericht der EWG-Kommission, 1960, S. 125 Nr. 148 und Bulletin der EWG, 1961, Heft 9/10, S. 30. Aus dem Schrifttum vgl. *Hochbaum*, Das Diskriminierungs- und Subventionsverbot in der EGKS und EWG, 1962, S. 180; *Obernolte*, BB AWD 1961, 69; *Welter*, BB 1962. 493.

der Inländerbehandlung nicht mit dem Argument verneint werden kann, der Verstoß sei gleichzeitig eine Subvention und als solche genehmigungsfähig[23].

d) Eine Konsequenz anderer Art soll am Beispiel des Art. 95 EWG-Vertrag sichtbar gemacht werden. Diese schon mehrfach erwähnte Norm bestimmt in ihrem Abs. 1, daß ein Staat ausländische nicht höher besteuern darf als gleichartige inländische Waren. Abs. 2 dehnt das Verbot auf die Fälle aus, in denen keine dem ausländischen Produkt gleichartigen inländischen Erzeugnisse existieren, in denen die Besteuerung des ausländischen Produkts aber substituierbare inländische Erzeugnisse schützt[24]. Unter diesem Gesichtspunkt ist bereits die Belastung ausländischen Weins mit einer Verbrauchssteuer zum Schutze inländischen Biers in der EWG erörtert worden[25].

Nun ist Art. 95 Abs. 2 in seinem Wortlaut so weit gefaßt[26], daß er auf eine weitere Fallgruppe Anwendung finden könnte. Ein Beispiel ist die deutsche zum Schutz der Kohle eingeführte

---

[23] Diese Frage ist zum GATT ebenso entschieden worden: vgl. Art. III Ziff. 8b GATT, wo es heißt: „Dieser Artikel schließt nicht aus, daß inländischen Erzeugern Subventionen gewährt werden; dies gilt auch für inländischen Erzeugern gewährte Zuwendungen, die aus den Erträgnissen innerer Abgaben oder sonstiger Belastungen stammen, *welche in Einklang mit den Bestimmungen dieses Artikels* auferlegt werden, sowie für..." (Hervorhebung vom Verf.). Entstehungsgeschichte (vgl. UN Conference on Trade and Employment, Havana 1947/48, Report of Committees and Principal Subcommittees — Havana Report — S. 107) und Wortlaut dieser Bestimmung stellen klar, daß die Vorschriften über Subventionen (Art. XVI GATT) nicht etwa als leges speciales dem steuerlichen Diskriminierungsverbot in Art. III Abs. 2 GATT vorgehen können, sondern daß gerade umgekehrt eine steuerliche Begünstigung nur bei Vermeidung internationaler Diskriminierung zulässig ist.
[24] Hierzu etwa *Cosciani*, Problemi fiscali del mercato comune, 1958, S. 49; *Sprung*, Finanzarchiv, 20 NF (1959), 201, 223; *Frank*, The European Common Market, 1961, S. 129 Anm. 6 sowie die Kommentierungen von *Sprung* bei Wohlfarth-Everling-Glaesner-Sprung, Die EWG, 1960, Art. 95 Anm. 6 und von *Fischer-Menshausen* bei von der Groeben-von Boeckh, Kommentar zum EWG-Vertrag, 1958, Art. 95 Anm. 5.
[25] Vgl. den Bericht des Mitglieds des Europäischen Parlaments, *Darras*, im Namen des Ausschusses für Fragen des Binnenmarktes der Gemeinschaft, Europäisches Parlament Sitzungsdokumente 1959, Nr. 51 S. 6 Ziff. 27.
[26] Die Bestimmung lautet: „Die Mitgliedstaaten erheben auf Waren aus anderen Mitgliedstaaten keine inländischen Abgaben, die geeignet sind, andere Produktionen mittelbar zu schützen."

Heizölsteuer[27]. Auch hier geht es um Produkte, die einander im Wettbewerb substituierbar sind. Aber die deutsche Steuer belastet Heizöl deutscher und ausländischer Herkunft, und sie schützt damit deutsche und ausländische Kohle. Es liegt also keine internationale Diskriminierung vor; vielmehr wird nur nach Produkten unterschieden. Es fragt sich, ob auch eine solche Unterscheidung von Art. 95 Abs. 2 verboten wird; dabei soll von rechtlichen Komplikationen abgesehen werden, die daraus resultieren, daß Kohle zur EGKS, Heizöl zur EWG gehören. Es stellt sich mit anderen Worten die Frage, ob Art. 95 einschließlich seines Abs. 2 nur internationale Diskriminierungen trifft.

Zufälligerweise hat sich eine gleiche Frage für eine Besteuerung fremder und eigener Margarine zum Schutze eigener Buttererzeugung in den Vereinigten Staaten und im GATT gestellt. In beiden Fällen ist der Diskriminierungsvorwurf zurückgewiesen worden, weil das Gebot der Inländerbehandlung nicht verletzt war[28]. Danach wäre nur die internationale Diskriminierung,

---

[27] Gesetz zur Änderung des Mineralölsteuergesetzes v. 26. 4. 1960 (BGBl. I, 241).

[28] In den Vereinigten Staaten tauchte die Frage nach der Zulässigkeit derartiger Steuergesetze auf, als sich vorwiegend landwirtschaftlich strukturierte Einzelstaaten den Butterabsatz durch eine besonders hohe Verbrauchssteuer auf Margarine zu sichern suchten. Es lag nahe, in einer solchen Maßnahme einen durch die diskriminierende Wirkung der Besteuerung bedingten Verstoß gegen die in der Verfassung verankerte Kompetenz des Bundesgesetzgebers zur Regelung des zwischenstaatlichen Handels zu sehen (vgl. Art. I, section 8, Absatz 3 der Bundesverfassung und dazu das Urteil *Welton v. Missouri*, 91 US 275, 23 L. ed 347 (1876). Entsprechend hielt etwa *Lockhart*, State Tax Barriers to Interstate Trade, Harvard Law Review 53 (1940), 1253, 1280 die Margarinebelastung für eine unzulässige Steuerdiskriminierung, da Butter und Margarine als Konkurrenzprodukte eine unterschiedliche Besteuerung nicht erlaubten. Lockhart erkannte zwar, daß die Butterpräferenz sowohl der im Staat erzeugten wie der importierten Butter zugute kam und inner- wie fremdstaatliche Margarine gleichermaßen belastete. Dennoch hielt er eine derartige Besteuerung schon dann mit dem Verbot zwischenstaatlicher Handelsbeschränkungen für unvereinbar, wenn damit nur eine nicht unbeachtliche Benachteiligung *auch* der aus anderen Staaten bezogenen Margarine verbunden war; die gleichzeitige Diskriminierung des innerstaatlichen rechtfertigte nach seiner Ansicht die Schlechterstellung des außerstaatlich hergestellten Konkurrenzproduktes nicht.

Die Gerichte sind dieser Auffassung von der Bedeutung der „interstate commerce clause" nicht gefolgt. Der US Supreme Court hat im Falle *A. Magnano v. Hamilton*, 292 US 40, 78 L. ed. 1109 (1934) eine Margarinesteuer zum Butterschutz nicht beanstandet. Dabei vermied er es allerdings, auf die Diskriminierungsfrage bei ungleicher Steuerbelastung eines Substitutions-

der Verstoß gegen die Inländerbehandlung als Diskriminierung unzulässig. M. E. muß für den Gemeinsamen Markt ähnlich entschieden werden, und zwar mit Rücksicht auf eine auch für die Vereinigten Staaten gültige Erwägung. Gewiß ist die „discrimination against interstate commerce" nach amerikanischem Verfassungsrecht unzulässig[29]. Aber die amerikanische Verfassung respektiert zugleich die Befugnisse der Einzelstaaten, einschließ-

---

produktes einzugehen und stützte seine Entscheidung auf das kaum tragfähige, formale Argument, daß allein innerstaatlicher Verkauf den Steuertatbestand erfülle und daher der zwischenstaatliche Export- oder Importhandel nicht betroffen sei. Bis heute ist diese Entscheidung weder aufgehoben noch durch Gesetzgebung oder Verwaltung in ihrer Bedeutung geschmälert worden. Berücksichtigt man das starke Bemühen der Vereinigten Staaten, jede Doppelbesteuerung zu unterbinden, sowie die auf anderen Sachgebieten fast unbegrenzte Anwendung der „interstate commerce clause", so läßt sich die Zurückhaltung in dieser Frage nur damit erklären, daß in Zweifelsfällen jedenfalls die den Einzelstaaten verfassungsrechtlich belassene Steuerhoheit und damit auch die Auswahl und die Unterscheidung des Besteuerungsobjekts den Vorrang haben sollen. Zu einem entsprechenden Ergebnis gelangt auch *Ehmke*, Wirtschaft und Verfassung, 1961, S. 119, der den Einzelstaaten die nicht-diskriminierende Ausübung ihrer Steuergewalt zugesteht, solange dadurch der „interstate commerce" nur indirekt berührt wird.

Auch bei den GATT Beratungen stand der Butter-Margarine-Fall zur Diskussion. Die Delegierten des befaßten Unterausschusses waren sich darüber einig, daß unter den hier erörterten Voraussetzungen in der Margarinesteuer kein Vorstoß gegen das steuerliche Diskriminierungsverbot des Art. III Ziff. 2 GATT zu sehen sei (Havana Report, S. 64, Ziff. 54).

[29] Art. I, section 8, Abs. 3 der Bundesverfassung der USA („interstate commerce clause") erfüllt insbesondere die in der Rechtsprechung des US Supreme Court entwickelte Funktion der Kompetenzabgrenzung zwischen bundesstaatlicher und einzelstaatlicher Gesetzgebung. Dabei wird entgegen dem Verfassungswortlaut auch den Einzelstaaten eine konkurrierende Regelungsbefugnis zuerkannt, solange es sich nicht um Fragen von bundesstaatlicher Tragweite handelt und solange der Bundesstaat von seiner Vorrangkompetenz noch keinen Gebrauch gemacht hat (vgl. *Cooley* v. *Board of Wardens of the Port of Philadelphia*, 12 How, 229, 13 L. ed. 996 [1851]). Die Abgrenzung der Kompetenzbereiche nach dem Kriterium des Überwiegens bundes- oder einzelstaatlicher Berührung führte naturgemäß zu Schwierigkeiten im Einzelfall. Der Supreme Court suchte darum nach Präzisierungen, bei denen ohne nähere Prüfung generell bundesstaatliche Interessen berührt und entsprechende Einzelstaatsgesetze stets verfassungswidrig sein sollten. Dann gehört das Verbot der Behinderung des zwischenstaatlichen Handels durch diskriminierende Gesetze, das zur entscheidenden Kontrollnorm für die Ausübung einzelstaatlicher Steuergewalt wurde. Danach ist es u. a. den Einzelstaaten generell untersagt, die Erzeugnisse anderer Staaten höher als vergleichbare inländische Waren zu besteuern. Vgl. dazu Note: Federal Limitations on State Taxation of Interstate Business, Harvard Law Review 75 (1962) 953, 958, 962; *Kust & Sale*, State Taxation of Interstate Sales, Virginia Law Review 46 (1960), 1290; *Warren & Schlesinger*, Sales and Use Taxes: Interstate Commerce Pays Its Way, Columbia Law Review 38 (1938),

lich ihrer Steuerhoheit[30]. Daraus läßt sich — wenn man die getroffene Entscheidung[31] rationalisieren will — herleiten, daß die staatlichen Steuermaßnahmen nur insoweit durch Bundesrecht verboten sind, als dies für den zwischenstaatlichen Handel unbedingt erforderlich ist. Bei der Abwägung dieser Erforderlichkeit gegen die Befugnisse der Einzelstaaten mag man sich zur Beschränkung des Verbots auf die internationale Diskriminierung, also den Verstoß gegen das Verbot der Inländerbehandlung entschließen, weil eben dieses Verbot für das Wesen eines gemeinsamen Marktes entscheidend ist.

Es ist schwer vorstellbar, daß das Gemeinschaftsrecht der EWG in die Steuerhoheit der Staaten stärker eingreifen wollte, als dies das Recht der Vereinigten Staaten tut. Schon daraus wird man ableiten, daß Art. 95 Abs. 2 EWG-Vertrag sich nur gegen internationale Diskriminierungen richtet, den hier erörterten Fall der Heizölsteuer infolgedessen nicht trifft[31a].

Diese Folgerung findet eine Stütze im Nebeneinander der Art. 92 und 95 EWG-Vertrag. Art. 92 verbietet Beihilfen in jeder Form, und er mag damit eine Handhabe gegen Verbrauchssteuern geben, die einem Produkt zum Schutze eines anderen auferlegt werden. Damit trifft Art. 92 staatliche Maßnahmen, die den Wettbewerb verfälschen, ohne international zu diskriminieren. Doch ist Art. 92 weniger streng als Art. 95. Einerseits

---

49, 63 und aus der Rechtsprechung: *Woodruff* v. *Parham* 75 US (8 Wall.) 123 (1869); State Freight Tax Case 82 US (15 Wall.) 232 (1873); *Mc Goldrick v. Berwind White Coal Min. Co.* 309 US 33 (1940); *Morgan* v. *Virginia* 328 US 373 (1946); *Freeman* v. *Hewit* 329 US 249 (1946); *North-Western States Portland Cement Co.* v. *State of Minnesota* und *Williams* v. *Stockham Valves and Fittings, Inc.* 358 US 450 (1959).

[30] Das hat schon *Hamilton* im Federalist (Nr. 32 und 34) hervorgehoben; im übrigen siehe Fußnote 29.

[31] *A. Magnano* v. *Hamilton,* vgl. oben Fußnote 28.

[31a] Das Finanzgericht Nürnberg hat in einer Entscheidung vom 23. 3. 1964, Entscheidungen der Finanzgerichte 1964, 282, eine andere beachtliche Folgerung aus der Steuerhoheit der Mitgliedstaaten gezogen und damit m. E. zutreffend erkannt, daß Art. 95 EWG-Vertrag den Fortbestand dieser Steuerhoheit voraussetzt. Es erklärt, die gemäß Art. 9 und 12 ff. EWG-Vertrag den Staaten verbotenen zollgleichen Abgaben von den durch Art. 95 getroffenen Fällen unterschiedlich hoher Besteuerung unterscheiden zu müssen. Die staatliche Kompetenz für die Abgaben sei mit deren völligem Verbot nämlich entfallen; dagegen bestehe die Steuerhoheit fort, und deshalb kann hier Art. 95 die Diskriminierungen, also die unterschiedliche Besteuerung untersagen.

setzt er, anders als Art. 95, im Einzelfall den Nachweis voraus, daß eine staatliche Maßnahme den zwischenstaatlichen Handel beeinträchtigt. Zum anderen ist er durch Ausnahmen eingeschränkt. Existieren aber Verbote von unterschiedlicher Strenge, so liegt es nahe, die Tatbestände zu unterscheiden. Von hier aus ergibt sich als selbstverständlich die Folgerung, Art. 95 mit seinen strengeren Rechtsfolgen auf die besonders schwerwiegenden internationalen Diskriminierungen zu beschränken und andere Wettbewerbsverfälschungen nur mit der milderen Norm des Art. 92 zu bekämpfen. Damit bietet das Gemeinschaftsrecht selbst eine Lösung für den notwendigen Kompromiß zwischen einzelstaatlichen Befugnissen und Gemeinschaftsbedürfnissen an.

Infolgedessen führt die besondere Bedeutung des Verbots internationaler Diskriminierung nicht nur zu strengen Folgen, zur Ausgestaltung als unabdingbarer Mindestnorm, sondern auch zu einer Beschränkung des Tatbestandes: die Strenge der Norm rechtfertigt ihre Anwendung lediglich auf internationale Diskriminierungen[32].

4. Die Unterscheidung zwischen förmlicher und materieller Diskriminierung[33] verdient wegen des Umfangs der hierzu nötigen Ausführungen einen eigenen Abschnitt. Inhaltlich schließen die Ausführungen aber an die vorausgehenden Feststellungen an. Sie werden auch für die Auslegung des Diskriminierungsverbots zu einer seiner Bedeutung entsprechenden, der einseitigen Unabdingbarkeit vergleichbaren Lösung führen.

---

[32] In diesem Sinn u. a. auch *Sprung* bei Wohlfarth-Everling-Glaesner-Sprung, a. a. O. Art. 95 Anm. 1 und 6; *Fischer-Menshausen*, a. a. O. Art. 95 Anm. 1; *Hesse*, Zeitschrift für Zölle und Verbrauchssteuern 1959, 134; *Catalano*, La Comunità economica europea e l'Euratom, 1957, S. 109 f., 155 f.; *Cosciani*, a. a. O. S. 49. Zu einem verwandten Problem im Rahmen des Art. 95 auch *Rittner*, DB 1962, 1657. Unter diesem Gesichtspunkt würden auch Sonderregeln für Zonengrenzbetriebe in Deutschland zulässig sein, wenn diese im Verhältnis nicht nur zu ausländischen, sondern auch zu inländischen Konkurrenten begünstigt werden.
Ein anderes Problem stellt sich, wenn die Bundesrepublik etwa Rüstungskäufe aus Gründen der Devisenhilfe auf einen bestimmten ausländischen Staat konzentriert. Hier kommen vor allem Fragen der Meistbegünstigung ins Spiel, und es müßte geprüft werden, inwieweit sich im Gemeinschaftsrecht zugunsten der Mitgliedstaaten ein Meistbegünstigungsgebot finden läßt, das jedenfalls der einseitig auf einen Staat konzentrierten Vergabe von Aufträgen entgegenstehen könnte.

a) Es gibt Fälle, in denen formal nicht nach Nationalität oder der Herkunft einer Ware aus verschiedenen Staaten differenziert wird, in denen aber tatsächlich eine internationale Diskriminierung vorliegt. Als Beispiel diene der bereits besprochene Fall des Schutzes der Butter durch Besteuerung der Margarine. Der Fall mag so liegen, daß die Verbrauchssteuerregelung nach ihrem Text, also förmlich auch inländische Margarine trifft oder auch ausländische Butter schützt, daß tatsächlich im Inland aber kaum Margarine hergestellt oder ausländische Butter eingeführt wird, daß also tatsächlich inländische Butter durch Besteuerung ausländischer Margarine geschützt wird. Das völkerrechtliche Schrifttum neigt vielfach dazu, auch in solchen Fällen eine internationale Diskriminierung zu bejahen[34], obwohl formal nur zwischen Produkten, nicht aber nach ihrer Herkunft differenziert wird. Damit wird mehr auf den materiellen Zweck des Verbots als auf seine, solchem Zweck gelegentlich nicht voll entsprechende Formulierung oder aber die Formulierung der Bestimmungen Wert gelegt, deren Vereinbarkeit mit dem Verbot in Frage steht. Die Bedeutung des Diskriminierungsverbots für den Gemeinsamen Markt zwingt dazu, diese Neigung zu großzügiger und zweckgerichteter, von Förmlichkeiten unabhängiger Interpretation zu folgen; die Bedeutung des Verbots rechtfertigt es, Bedenken gegen eine großzügige Interpretation zurückzustellen, wie sie in der Völkerrechtslehre gelegentlich geltend gemacht werden[35].

Im Rahmen des Art. 95 EWG-Vertrag bedeutet dies z. B., daß die erhöhte Besteuerung eines ausländischen Produkts, die zum Schutze eines inländischen substitutionsfähigen Konkurrenzerzeugnisses erfolgt, selbst dann unzulässig ist, wenn in begrenztem Umfange ein dem ausländischen Produkt gleiches Inlandserzeugnis gleich hoch besteuert wird. Ausschlaggebend für die

---

[33] Zu dieser Unterscheidung zuletzt etwa *Zimmermann*, a. a. O. S. 43; *Everling*, Das Niederlassungsrecht im Gemeinsamen Markt, 1963, S. 42. Vgl. auch die Rechtsprechung des Ständ. Int. Gerichtshofes in den Entscheidungen Oscar Chinn v. 12. 12. 1934, P. C. I. J. Series A/B No. 63 und Minority Schools in Albania v. 6. 4. 1935, P. C. I. J. Series A/B No. 64; dazu *Schwarzenberger*, International Law, 1957, S. 232, 280/81.
[34] *Kipp*, ArchVöR IX (1961), 137, bes. 147; *Schindler*, a. a. O. (Fußnote 15), S. 143; *Jaenicke*, Der Begriff der Diskriminierung im modernen Völkerrecht, 1940, S. 102; *Schaumann*, Die Gleichheit der Staaten, 1957, S. 53.
[35] In diesem Sinn schon *Steindorff*, Berichte a. a. O. S. 107/108.

Anwendung des Art. 95 Abs. 2 ist allein, ob tatsächlich im wesentlichen ein Schutz inländischer gegen ausländische Erzeugnisse erfolgt[36].

b) Eine solche teleologische Interpretation führt im Gemeinschaftsrecht — analog zur einseitigen Unabdingbarkeit — aber nur zur Erweiterung, nicht zur Einengung des Verbots internationaler Diskriminierungen.

aa) Die Staaten können mit ihren Maßnahmen dem Gleichheitssatz gelegentlich in verschiedener Weise gerecht werden. Beispielsweise kann man sich für die Umsatzsteuer, wie der Steuerstreit in der EGKS[37] deutlich gemacht hat, für eine Besteuerung nach den Sätzen des Herkunfts- oder aber des Bestimmungslandes entscheiden; die Entscheidung für das Bestimmungsland ist dadurch gekennzeichnet, daß Güter beim Export von Steuern des Exportlandes befreit und dafür beim Import mit einer Ausgleichsteuer des Importlandes belastet werden. Unternehmen stehen gelegentlich vor einer ähnlichen Wahl. Sie mögen beim Absatz in ein Nachbarland entweder denselben Preis wie im Inland oder aber den niedrigeren Preis berechnen, der dem Marktpreis im Absatzland entspricht. Sie können also vor der Wahl zwischen dem Marktpreis des Inlandes und des Bestimmungslandes stehen. Dem Bundesgerichtshof[38] lag z. B. einmal zur EGKS ein Fall vor, in dem ein saarländisches Bergbauunternehmen auf die französischen Abnehmer weniger Umsatzsteuern abgewälzt hatte als auf die saarländischen Abnehmer, wodurch sich die letzteren benachteiligt und diskriminiert fühlten. Das Bergbauunternehmen hatte sich mit seiner Maßnahme an die Tatsache anpassen wollen, daß seine französischen Konkurrenten eine nied-

---

[36] Damit nähern wir uns für diese Fälle der Auffassung von *Lockhart*, a. a. O. (oben Fußnote 28).

[37] Vgl. *Schmölders*, Der Steuerstreit in der Montanunion, Arch. öff. Recht 79 (1953), 91; *Albers*, Steuerprobleme der Montanunion, Die Weltwirtschaft 1953, 14; *Regul*, Wirtschaftsintergration und Steuersysteme, FinanzArchiv 16 NF (1955), 313; EGKS-Bericht über die durch die Umsatzsteuer aufgeworfenen Probleme auf dem Gemeinsamen Markt (Sachverständigenbericht gem. Beschluß der Hohen Behörde v. 5. 3. 1953 — Tinbergen Bericht); Entscheidung der Hohen Behörde v. 2. 5. 1953, Nr. 30/53, ABl. 1953, 109 f.

[38] BGHZ 30, 74.

rigere Steuerlast zu tragen und deshalb abzuwälzen Anlaß hatten. Endlich kann — um ein letztes Beispiel anzuführen — ein Staat bei der Belastung importierter Waren mit einer Ausgleichssteuer erwägen, die Belastung über die Sätze einer inländischen Steuer, etwa der Umsatzsteuer, hinaus zu erheben, weil die Vorsteuerbelastung der eingeführten Ware im Herkunftsland niedriger als die der inländischen Konkurrenzerzeugnisse ist[39].

Solche Situationen drängen zu der Frage, ob etwa in den geschilderten Fällen eine oder beide Verhaltensweisen zulässig sind; da nach dem Gleichheitssatz nur Gleiches gleichzubehandeln ist, könnte die Differenzierung nach der unterschiedlichen Vorsteuerbelastung ebenso gerechtfertigt sein wie die Preisdifferenzierung entsprechend den Marktverhältnissen in verschiedenen Ländern usw.

bb) Die bisherige Praxis zeigt gegenüber einer solchen Erwägung ein unterschiedliches Bild. Der Bundesgerichtshof schien in dem ihm vorliegenden Falle eine Diskriminierung annehmen zu wollen[40]; er scheint also fordern zu wollen, daß dem ausländischen Abnehmer derselbe Bruttopreis wie dem Inländer berechnet werde (wenn man von der entfernungsabhängigen Fracht absieht); damit fordert er, wenn wir sein Urteil richtig interpretieren, eine Anwendung des Gleichheitssatzes, die auf Besonderheiten der verschiedenen Absatzländer keine Rücksicht nimmt; er urteilt vielmehr, wie wenn die Verhältnisse in den verschiedenen Staaten übereinstimmen würden. In einem Urteil vom 14. 12. 1962[41] nimmt der Gerichtshof der Europäischen Gemeinschaften eine ähnliche Haltung in einem Falle ein, in dem es um zollgleiche Abgaben und deren Verhältnis zu Art. 95 EWG-Vertrag ging. Den Versuch der Beklagten (Königreich Belgien und Großherzogtum Luxemburg), die streitige

---

[39] Zu einem ähnlichen Fall vgl. die Richtlinie der EWG-Kommission über die Umsatzausgleichsteuer auf die Einfuhr von Wollkammzügen in die BRD, ABl. 1962, 2214.

[40] Insoweit nur in NJW 1959, 1179 abgedruckt.

[41] Verbundene Rechtssachen 2 und 3/62, RsprGH VIII, 871.

Abgabe unter Berufung auf Art. 95 zu rechtfertigen[42], wies der Gerichtshof u. a. mit folgendem Argument zurück:

> „Artikel 95 Absatz 1 läßt ,Abgaben‘ auf eingeführte Waren nur insoweit implicite zu, als die gleichen Abgaben in gleicher Weise auch auf gleichartige inländische Waren erhoben werden.“

Stärker, als es mit der Beschränkung auf die „gleichen Abgaben in gleicher Weise" geschieht, kann überhaupt nicht zum Ausdruck gebracht werden, daß das Urteil nicht von einer Betrachtung der Gesamtsituation in Herkunfts- und Bestimmungsland abhängig gemacht werden darf, daß vielmehr die konkrete Steuer losgelöst von den Zusammenhängen beurteilt werden muß, in denen sie wirkt. Das spricht gegen eine Deutung des Diskriminierungsverbots, welche auf unterschiedliche Verhältnisse in den Mitgliedstaaten Rücksicht nimmt. Auf praktische Auswirkungen dieser These wird noch zurückzukommen sein.

Im Gegensatz zu diesen Entscheidungen scheinen Art. 60 EGKS-Vertrag sowie das in Art. 91 EWG-Vertrag enhaltene Dumping-Verbot zu stehen, die den Unternehmen in gewissem Umfange eine differenzierende Anpassung der Preise an die Situation im Absatzgebiet erlauben.

cc) Läßt man zunächst die in solchen Fällen notwendigen kollisionsrechtlichen Erwägungen beiseite, so drängt sich ein verfahrensmäßiger Gesichtspunkt zur Erklärung der verschiedenen Lösungen auf[43]: Es läßt sich nämlich erwägen, ob die von den Verhältnissen in den verschiedenen Ländern abstrahierende Urteilsweise der Gerichte einem Bedürfnis nach Vereinfachung

---

[42] Der Entscheidung lag folgender Sachverhalt zugrunde: Belgien und Luxemburg hatten nach Inkrafttreten des EWG-Vertrages eine Einfuhrsonderabgabe auf Lebkuchen erhöht und auf lebkuchenähnliche Erzeugnisse erstreckt. Beide Länder suchten diesen Verstoß gegen den EWG-Vertrag (Art. 12) damit zu rechtfertigen, daß die Abgabe nur eine nach Art. 95 EWG-Vertrag zulässige Belastung zum Ausgleich des von den einheimischen Produzenten zu tragenden Stützpreises für Roggen sei.

[43] Eine ähnliche Fragestellung findet sich z. B. bei *Meade-Liesner-Wells*, Case Studies in European Economic Union, 1962, S. 206, 327, wo auf die dafür in der Wirtschaftswissenschaft gebräuchliche Bezeichnung als „second-best" Politik verwiesen wird.

der Urteilsbildung entspringt. Wird die besondere Lage (Preissituation, Vorsteuerbelastung usw.) in den verschiedenen Staaten mitberücksichtigt, dann wird die Urteilsbildung kompliziert.

Dann sind zunächst komplizierte Feststellungen über diese Lage notwendig; beispielsweise läßt sich nicht ohne weiteres ermitteln, wie hoch im Vergleich die Vorsteuerbelastung verschiedener Güter aus verschiedenen Staaten ist. Stellt sich bei solcher Prüfung heraus, daß die Situation etwa im inländischen und ausländischen Markt eine unterschiedliche ist, so kommt die Prüfung hinzu, ob beispielsweise der einheitliche Bruttopreis oder aber die Anpassung an die Marktverhältnisse der Absatzgebiete der Optimierung des Handels und der Rationalisierung der Erzeugung im Gemeinsamen Markt dienlicher sind. Es muß nunmehr also beurteilt werden, ob die unterschiedlichen Situationen nach den wirtschaftspolitischen Zielen des Gemeinschaftsrechts eine unterschiedliche Behandlung rechtfertigen oder gar gebieten. Verständlicherweise neigen Gerichte dazu, sich einer solchen komplizierten Urteilsbildung zu entziehen[44].

Demgegenüber hat die Hohe Behörde im Steuerstreit der EGKS ihre Entscheidung aufgrund einer, durch den sogenannten Tinbergen-Ausschuß vorbereiteten sehr sorgfältigen Erwägung aller ökonomischen Auswirkungen und ihres Verhältnisses zu den Zielen der EGKS getroffen[45]. Das veranlaßt zur Frage, ob etwa die Wirtschaftsverwaltungsbehörden bei ihren Entscheidungen eine umfassende Prüfung vornehmen, ob in änlicher Weise insbesondere die Rechtssetzung verfährt, während sich die Rechtsan-

---

[44] Dafür spricht auch die Erfahrung mit der rule of reason und der per se Regel im amerikanischen Antitrustrecht; vgl. *Steindorff*, Zweckmäßigkeit im Wettbewerbsrecht, 1959, bes. S. 37 ff. Die im Text angedeutete Tendenz zeigte sich zuletzt eindrucksvoll in der Antimerger Entscheidung *US* v. *Philadelphia National Bank*, 374 US 321, L. ed. 2nd 915 (1963); hier sprach sich der US Supreme Court dafür aus, daß bei Erreichung eines bestimmten Marktanteils stets eine Vermutung für wettbewerbswidrige Auswirkungen spreche, ohne daß es besonderer Einzelnachweise bedürfe; das Gericht tat dies, um, wie es selbst bestätigte, durch Vereinfachung der Urteilsanforderungen seinen bestmöglichen Beitrag zur Verhinderung fortschreitender Konzentration zu leisten; vgl. dazu etwa *Blake*, Mergers and US Antitrust Law, Int. Comp. L. Q., Suppl. 6 (1963), 78.
[45] Dazu Angaben in Fußnote 37.

wendung durch die Gerichte mit einer abstrahierenden Urteilsbildung begnügt[46]. Damit wäre der Unterschied zu erklären,
der zwischen den beiden Gerichtsurteilen einerseits und den
Vertragsbestimmungen über Dumping und Preisdiskriminierung sowie der Praxis der Hohen Behörde andererseits besteht:
im einen Falle abstrahierende Urteilsweise, im anderen Falle
Urteilsbildung aufgrund umfassender auch wirtschaftspoliti-
scher Würdigung.

Indessen sollte man, bei aller Bedeutung der den einzelnen
Organen gegebenen Urteilsmöglichkeiten für die Urteilsmaß-
stäbe, sich mit einer solchen Erklärung nur begnügen, wenn nicht
eine Erklärung der bisherigen Praxis mit materiellen Prinzipien
möglich wäre.

dd) Hierzu soll vorab ein Blick auf die Diskriminierungsprak-
tiken der Unternehmen geworfen und wenigstens an dieser
Stelle einmal der Zusammenhang zwischen den an Staaten und
an Unternehmen gerichteten Diskriminierungsverboten aufgezeigt werden. Für die Unternehmen erlauben sowohl Art. 60
EGKS-Vertrag wie das Dumping-Verbot in Art. 91 EWG-Vertrag nicht nur die Bildung einheitlicher Preise ab Werk, sondern
in gewissem Umfang auch die Differenzierung der Preise je nach
Lage im Absatzgebiet. Für das in Art. 60 § 2, b) EGKS-Vertrag
begründete Recht zum Eintreten in fremde Frachtbasen gilt
dies allerdings nur beschränkt, denn dieses Recht haben etwa
deutsche Stahlwerke auch benutzt, um beim Absatz im Inland
von ihren Listen abweichen und in französische Konkurrenz-
angebote eintreten zu können[47]. Bei Art. 60 geht es also jedenfalls nicht nur um eine Ermächtigung zur Differenzierung der
Preise nach Absatzgebieten. Klarer liegen die Dinge insoweit
beim Dumping-Verbot. Es bezieht sich stets auf den zwischenstaatlichen Handel. Es trifft die Fälle, in denen ein Unternehmen im Ausland billiger anbietet als zu Hause. Darin ist ein
Verstoß aber nur zu sehen, wenn die Preisbildung die Wirtschaft
im Absatzland schädigt, und daran wird es insbesondere fehlen,

---

[46] Über die Zurückhaltung der Gerichte etwa bei Nachprüfung der Verwaltung vgl. *Steindorff*, Die Nichtigkeitsklage im Recht der EGKS, 1952, bes.
S. 115 ff., 158 ff.
[47] Vgl. die Angaben bei *Meade-Liesner-Wells*, a. a. O. S. 257.

wenn ein Angebot die Preise des Absatzlandes nicht unterbietet, sondern sich diesen Preisen nur anpaßt[48]. Gewiß ist die Geltung des Dumping-Verbots im EWG-Vertrag auf die Übergangszeit beschränkt, weil die Verfasser des Vertrags davon ausgegangen sind, daß nach Ablauf der Übergangszeit der Marktpreis im Gemeinsamen Markt einheitlich sei, so daß jeder Anlaß zur Diskriminierung entfalle[49]. Aber das bestätigt jedenfalls, daß eine differenzierende Anpassung an die Preise in den nationalen Märkten zulässig ist, solange diese verschieden hoch liegen.

Nach Ablauf der Übergangszeit gilt für Unternehmen in der EWG das vom EGKS-Vertrag abweichende Diskriminierungsverbot der Art. 85 und 86 EWG-Vertrag. Es ist anders als Art. 60 EGKS-Vertrag auf marktbeherrschende Unternehmen und Kartelle beschränkt. Damit erlaubt es für die EWG folgende Auslegung: Unternehmen ohne Marktmacht mögen gezwungen sein, unterschiedliche Preise zu bilden, um sich der Preisbildung marktmächtiger Unternehmen anzupassen. Dies gilt z. B. in dem an sich harmlosen Fall, in dem ein marktmächtiges Unternehmen seine Abnehmer zu einem einheitlichen Preis ab Werk zuzüglich Frachtkosten beliefert, so daß der räumlich weiter abliegende kleine Konkurrent für den Absatz in räumlicher Nähe des marktmächtigen Unternehmens gezwungen ist, die Transportkosten selbst zu zahlen, während er beim Absatz in eigener Nähe (und damit in größerer Entfernung vom marktmächtigen Unternehmen) einen höheren Preis, nämlich den Preis zuzüglich der Frachtkosten fordern kann, die bei Bezug des Abnehmers von dem marktmächtigen Unternehmen zu

---

[48] Hierzu etwa *Wockenfoth*, BB AWD 59, 77; *Widmer*, Dumping und dumping-ähnliche Tatbestände im Außenhandel, 1961, S. 35, 42; *Eckert*, Das Dumping in der nationalen Gesetzgebung und in internationalen Verträgen, Diss. Tübingen 1960, S. 101; *Pütz* im Handbuch der Sozialwissenschaften Bd. 3, 1961, S. 12. Eine weiterreichende Frage ist, ob das Dumpingverbot auch dann nicht eingreift, wenn die Preise auf dem Absatzmarkt nur zu dem Zweck herabgesetzt sind, um Konkurrenzpreise für Waren aus Drittländern zu halten; vgl. dazu Administration and Operation of Customs and Tariffs Laws and the Trade Agreement Program, Hearings before a House Subcommittee of the Committee on Ways and Means, 84th Congr. 2d Sess. Pt. 1, 118 und Pt. 2, 961—63 (1956).

[49] Vgl. *Everling* bei Wohlfarth-Everling-Glaesner-Sprung, a. a. O. Vorbem. 3 vor Art. 91; *Thiesing* bei von der Groeben-von Boeckh, Art. 91 Anm. 4; Spaak-Bericht, oben Fußnote 22, S. 58; *Widmer*, a. a. O. S. 31.

zahlen wären. Der kleine Konkurrent mag sogar zu solchen Anpassungen an die Preisbildung des Marktmächtigen gezwungen sein, wenn er wettbewerbliche Gegenmaßnahmen von dessen Seite vermeiden will. Die Beschränkung des Diskriminierungsverbots auf marktmächtige Unternehmen und Kartelle stellt klar, daß der kleinere Konkurrent zu der hier beschriebenen Differenzierung befugt ist. Wettbewerbspolitisch läßt sich dies damit begründen, daß der kleine Konkurrent sich den Preisen des Marktes unterwirft, diese aber nicht entscheidend zu bestimmen vermag. Für die marktmächtigen Unternehmen gilt dies während der Übergangszeit, solange sie nur die Preisdifferenzierungen vornehmen, die sich als Anpassung an die staatlichen Einflüsse auf das Preisniveau ergeben, solange die Preisunterschiede in verschiedenen Märkten also nicht die Folge einer Marktstrategie der Unternehmen sind. Wer sich nur in dieser Weise anpaßt, selbst aber das Preisniveau nicht entscheidend zu beeinflussen vermag, der braucht nicht durch rechtliche Verbote in Schranken verwiesen zu werden.

Anders liegen aber die Dinge bei den marktmächtigen Unternehmen oder Kartellen, die Marktstrategie betreiben und einen bestimmten Einfluß auf das Preisniveau ausüben. Wenn solche Unternehmen durch eine differenzierende Preisstellung auf ein unterschiedliches Preisniveau in den Märkten der Einzelstaaten hinwirken, dann ist dies wie die internationale Diskriminierung durch die Staaten unzulässig. Diese Beurteilung ist notwendig, weil die Unternehmen ähnlich wie Staaten die Preise beeinflussen können.

Diese Überlegungen zeigen, daß materielle Maßstäbe entwickelt werden können, die eine brauchbare Beurteilung für eine internationale Diskriminierung durch Unternehmen erlauben. Damit erhebt sich die Frage, ob ähnliches auch für die Beurteilung staatlichen Verhaltens möglich sein sollte.

ee) Die Frage ist zu bejahen. Auszugehen ist hierzu von einer Betrachtung der die Freizügigkeit im Gemeinsamen Markt ordnenden Normen, für den Güterverkehr also von den den Abbau der Zölle und mengenmäßigen Beschränkungen anordnenden

Vorschriften. Diese Vorschriften gelten ohne Rücksicht darauf, ob sich die rechtlichen und tatsächlichen Verhältnisse in den Mitgliedstaaten noch voneinander unterscheiden, also beispielsweise auch ohne Rücksicht darauf, ob die Unternehmen wegen unterschiedlich hoher Sozial- oder Steuerlasten mit unterschiedlichen Wettbewerbsbedingungen fertig werden müssen. Die Bewältigung der sich aus solchen Unterschieden ergebenden Probleme wird anderen Bereichen überlassen, auf die und deren Verhältnis zueinander später noch einzugehen ist. Als hoheitliche Maßnahme ist die Rechtsangleichung zu nennen, die annähernd im gleichen Takt wie die Verwirklichung der Freizügigkeit in Angriff genommen werden sollte[50]. Dort wo eine Rechtsangleichung nicht vorgesehen ist oder wo sie am Einstimmigkeitserfordernis[51] scheitert, wird eine Angleichung der Verhältnisse in den Mitgliedstaaten aneinander (lediglich) als tatsächliche Folge des Gemeinsamen Marktes erwartet. Sie wird durch den Wettbewerb erzwungen. Einzelne Vertragsvorschriften zeigen, daß die Schöpfer des EWG-Vertrags diese tatsächliche Wirkung erwartet haben, daß sie also vertragsmäßig ist[52].

Würde man nun die Abschaffung der Zölle und mengenmäßigen Beschränkungen teilweise deshalb aussetzen, weil die Unterschiede zwischen den Mitgliedstaaten noch nicht ausgeglichen sind, so würde dies dem Gemeinschaftsrecht in doppelter Weise zuwiderlaufen. Erstens bliebe insoweit die Zollunion und damit die Grundlage des Gemeinsamen Marktes unvollkommen. Zweitens würde die Angleichung, die sich als tatsächliche Folge der Freizügigkeit und des Wettbewerbs einstellen soll, vereitelt; berücksichtigt man nämlich bei der Rechtsanwendung die bestehenden Unterschiede, so werden diese hiermit zugleich stabilisiert, denn der tatsächliche Druck auf ihre Angleichung hin entfällt. Da diese beiden Folgen mit dem Gemeinschaftsrecht unvereinbar sind, konnten die die Freizügigkeit des Güterverkehrs und damit

---

[50] Vgl. etwa die Gesamtberichte über die Tätigkeit der Gemeinschaft: 4. Gesamtbericht (1961) S. 25; 5. Gesamtbericht (1962) S. 77; 6. Gesamtbericht (1963) S. 30. Besonders deutlich ferner im Memorandum der Kommission zum Aktionsprogramm der Gemeinschaft für die zweite Stufe, 1962, Einleitung, S. 1—8.

[51] Vgl. u. a. Art. 99, 100 Abs. I EWG-Vertrag.

[52] So ausdrücklich Art. 117 EWG-Vertrag.

die Zollunion konstituierenden Normen keine Rücksichtnahme
auf die besondere und unterschiedliche Lage in den einzelnen
Staaten vorsehen.

Das Verbot internationaler Diskriminierung zählt zu den
Normen, welche die Freizügigkeit begründen. Der bereits er-
örterte Art. 95, der parallel zum Zollverbot die erhöhte Besteuerung ausländischer Erzeugnisse untersagt, zeigt das deutlich.
Hieraus folgt, daß das Verbot internationaler Diskriminierung
wie die strikten, auf die Abschaffung der Zölle und mengenmäßigen Beschränkungen ausgerichteten Normen angewendet
werden muß. Also darf auch seine Anwendung auf Unterschiede
in der Situation der Mitgliedstaaten keine Rücksicht nehmen.

Für die Anwendung des Verbots internationaler Diskriminierungen ergibt sich hieraus: Sie ist jedenfalls grundsätzlich
unabhängig von einer Unvollkommenheit der Regelungen an
anderer Stelle und — abgesehen von besonderen Übergangs-
problemen — unabhängig von Unterschieden, die in der tatsächlichen oder rechtlichen Situation der Mitgliedstaaten bestehen. Eine unterschiedliche Behandlung aus- und inländischer
Waren ist also auch dann unzulässig, wenn im Ausland Import-
monopole oder Exportförderungen noch nicht abgebaut sind,
wenn die Vorsteuerbelastung der Auslandsware unterhalb derjenigen der inländischen Ware liegt oder wenn sich ein einheitlicher Preis im Gemeinsamen Markt noch nicht herausgebildet
hat. Auf die oben gestellte Frage, ob das Verbot internationaler
Diskriminierung im Einzelfall mit der Begründung auszuschließen ist, die Verhältnisse im Inland und Ausland seien so unterschiedlich, daß sich eine Gleichbehandlung verbiete, muß deshalb
für den Regelfall mit nein geantwortet werden. Für den Regelfall sind wir damit der Aufgabe enthoben, bei der Anwendung
des Verbots internationaler Diskriminierung ein wirtschafts-
politisches Urteil über die Vereinbarkeit einer gegebenen Situation und Maßnahme mit den Zielen des Gemeinsamen Marktes
abzugeben. Dies hat einen materiellen Grund: Die Würdigung
ist in der umfassenden Wirtschaftsrechtsordnung des Gemeinsamen Marktes für die Rechtsanwendung verbindlich vorweggenommen worden. Diese Ordnung schließt Regelungen ein,

die auf dem Wege über die Verwirklichung der Zollunion und des Diskriminierungsverbots Änderungen der Situation in den Mitgliedstaaten herbeiführen wollen, ohne daß zunächst eine Rechtsangleichung oder eine Anpassung von Kostenelementen erfolgt wäre. Ein solcher Zweck schließt die differenzierende Anpassung an die Verhältnisse der verschiedenen Staaten aus, weil die Anpassung den bestehenden Zustand stabilisieren und dem auf seine Änderung gerichteten Zweck des Gemeinschaftsrechts zuwiderlaufen würde.

Bevor weitere Feststellungen an diese Ergebnisse angeschlossen werden können, bleibt zu prüfen, wie sich die bisherigen Ausführungen damit vertragen, daß der sogenannte Steuerstreit der EGKS, der in Anwendung des Diskriminierungsverbots entschieden wurde, nur aufgrund einer sorgfältigen wirtschaftswissenschaftlichen Überprüfung entschieden worden ist. Mir scheint, daß es bei diesem Streit überhaupt nicht um eine Diskriminierung ging und daß aus diesem Grunde die Behandlung des Streits keinerlei Rückschlüsse für die Diskriminierungsprobleme erlaubt. In dem Steuerstreit handelte es sich um die Frage, ob bei der Umsatzsteuer die Exporte von Steuer befreit und dafür die Importe belastet werden sollen, so daß die Erzeugnisse die Steuern des Bestimmungslandes zu tragen haben, oder ob eine Regelung zu bevorzugen wäre, die lediglich eine Belastung mit den Steuern des Herkunftslandes vorsieht. Eine internationale Diskriminierung durch einen Staat kommt in solchen Fällen überhaupt nur in Betracht, wenn der Staat etwa die Ausfuhrgüter von mehr als der eigenen Steuer entlastet oder wenn er die Importware mit mehr als der eigenen Umsatzsteuer belastet[53]. Im übrigen liegt aber zunächst ein kollisionsrechtliches Problem vor; es ist die Frage zu entscheiden, ob Herkunfts- oder Bestimmungsland für die Besteuerung zuständig sein sollen[54]. Auf diesen Fragenkreis und die damit zusammenhängende Problematik der Doppelbesteuerung wird in spä-

---

[53] Vgl. z. B. die Richtlinie der Kommission v. 30. 7. 1962, ABl. 2214/62; ferner Hohe Behörde, Beschluß 1/53, ABl. 33/53 und Entscheidung 30/53, ABl. 103/53 und 217/54.

[54] Eine vergleichbare Problematik zeigt sich in der Bundesrepublik bei der Konkurrenz von Verbrauchs- und Verkehrssteuern mit nur örtlich bedingtem und mit überörtlichem Wirkungskreis; vgl. dazu BVerfG NJW 1964, 147.

terem Zusammenhang zurückzukommen sein. Hier genügt die
Feststellung, daß die Entscheidung der kollisionsrechtlichen
Problematik durch die einzelnen Mitgliedstaaten jedenfalls keine
Diskriminierung sein kann, weil sie für ausländische und inlän-
dische Erzeugnisse gleichermaßen gelten würde. Wenn dabei
auf die Vorsteuerbelastung ausländischer Erzeugnisse keine
Rücksicht genommen wird, so würde das nur unseren bisherigen
Feststellungen zum Verbot internationaler Diskriminierung
entsprechen. Infolgedessen ergibt das Verbot internationaler
Diskriminierung durch die Staaten keinerlei Maßstab für die
Entscheidung der Steuerfrage. Hier allein liegt der Grund,
warum in der EGKS eine gestaltende Entscheidung der Hohen
Behörde, in der EWG eine besondere Regelung in Art. 96 ff.
EWG-Vertrag nötig waren. Diese beiden Regelungen haben
selbstverständlich umfassende wirtschaftspolitische Erwägungen
vorausgesetzt. Nach der Feststellung, daß es nicht um einen
Fall internationaler Diskriminierung geht, können diese Erwägungen aber keinerlei Anhaltspunkt für die Beurteilung
internationaler Diskriminierungen liefern. Sie beeinträchtigen
also nicht die hierzu getroffenen Feststellungen.

ff) Fassen wir diese Feststellungen nunmehr zusammen, so
dürfen sie vor allem nicht dahin mißverstanden werden, als
sollten sie in Frage stellen, was zur Unterscheidung zwischen
formeller und materieller Diskriminierung ausgeführt wurde.
Das Ergebnis jener Ausführungen war, daß das Diskriminierungsverbot seinem Zweck entsprechend großzügig auszulegen
ist, auch wenn eine förmliche Betrachtung nahelegen sollte,
einen Verstoß zu verneinen. Nunmehr kommen wir zu dem
Ergebnis, daß in vielen Fällen auf eine umfassende wirtschaftspolitische Würdigung und damit doch auch auf eine teleologische Entscheidung zu verzichten ist und daß dieser Verzicht
zu einer von der tatsächlichen Situation abstrahierenden Urteilsweise führen kann, in deren Folge manche Differenzierungen
als Diskriminierung verurteilt werden, die bei umfassender
Würdigung vielleicht als gerechtfertigt erscheinen möchten. Es
sieht also so aus, daß die teleologische Urteilsweise nur Platz
greift, wo sie zur Mißbilligung von Differenzierungen führt,
während umgekehrt eine mehr förmliche und abstrahierende

Urteilsweise vorzuziehen ist, wo diese und nicht die umfassende
Würdigung einer Mißbilligung von Differenzierungen erlauben.
Damit wäre in der Tat ein Rechtszustand geschaffen, der der
einseitigen Unabdingbarkeit des Diskriminierungsverbots ver-
gleichbar ist. Es würde jeweils die die staatliche Handlungs-
freiheit stärker beeinträchtigende Interpretationsmethode gewählt.

Im Ergebnis ist diese Feststellung richtig. Nur muß die Begründung korrigiert werden, und damit entfallen die Wider-
sprüche. Die teleologische Interpretation ist für das zum Wirtschaftsrecht gehörende Diskriminierungsverbot stets geboten.
Sie muß dazu führen, daß das Verbot ohne Rücksicht darauf
Anwendung findet, ob im Einzelfall Förmlichkeiten im Wege
stehen. Dem steht aber nicht entgegen, was wir hier als abstrahierende Urteilsweise gekennzeichnet haben. Vielmehr haben
die Ausführungen zu dieser Urteilsweise gerade zeigen sollen,
daß damit kein formaler Maßstab angelegt wird, sondern daß
diese Urteilsweise durchaus den Zwecken des Diskriminierungsverbots entspricht. Diese Zwecke gebieten nämlich, Verschiedenheiten der tatsächlichen Situation und der rechtlichen
Regelungen in den Mitgliedstaaten bei der Anwendung des
Diskriminierungsverbots unberücksichtigt zu lassen. Das geschieht aber, weil jene Unterschiede in anderer Weise berücksichtigt werden, sei es daß ihnen andere Normen des Gemeinschaftsrechts gewidmet sind, sei es daß von der Verwirklichung
der Zollunion mit dem Verbot internationaler Diskriminierung
eine angleichende Wirkung erwartet wird. Auch die hier
sogenannte abstrahierende Urteilsweise ist also zweckgemäß.
Es bleibt nur festzustellen, daß sie zwar das Verbot internationaler Diskriminierung zu einer schneidigen Waffe ausgestaltet,
denn sie schließt die Berücksichtigung mancher Erwägungen
aus, die zur Rechtfertigung differenzierender Maßnahmen an-
gestellt werden könnten. Aber das dürfte nur ein Beweis dafür
sein, daß eben dem Diskriminierungsverbot eine besondere Bedeutung im Gemeinsamen Markt zukommt. Im Grunde geht es
um nichts anderes als die Aufgabe, das für die Herstellung eines
binnenmarktähnlichen Zustandes wesentliche Verbot der internationalen Diskriminierung in derselben Weise und ebenso strikt

wie die für die Zollunion konstitutiven Normen anzulegen und anzuwenden[55].

Zur Bestätigung der hier entwickelten Auffassung diene ein Blick auf das amerikanische Antitrustrecht. In seinen sogenannten per se-Verboten enthält es Normen, deren Anwendung von einer umfassenden Berücksichtigung der konkreten Situation unabhängig ist. Auch hier ist man sich einig, daß damit nicht etwa die teleologische Interpretation (rule of reason) ausgeschlossen ist, daß vielmehr die strikte per se-Regel gerade der Ratio der Verbotsnormen und damit der rule of reason entspricht, also zweckgerecht ist.

Damit sollen die Feststellungen zu diesem Verbot, zu seiner Verdeutlichung und zu den hieraus zu ziehenden Folgerungen abgeschlossen werden. Sie haben in vielerlei Weise bestätigt, daß diesem Verbot im Gemeinsamen Markt eine grundlegende Bedeutung zukommt und daß es aus diesem Grund zu einer unabdingbaren und strikt anzuwendenden Mindestnorm ausgestaltet werden mußte.

5. Die bisherigen Ausführungen zu dem Verbot internationaler Diskriminierung haben nicht die zahlreichen Einzelnormen im Recht der drei europäischen Gemeinschaften vollständig herausgearbeitet, in denen das Verbot positiviert worden ist. Sie haben sich vielmehr mit einzelnen Beispielen begnügt. Dies hat jedoch ausgereicht, um den bisher verfolgten Zweck zu erfüllen, denn es ging nur um den Versuch, allgemeine Prinzipien sichtbar zu machen. Infolgedessen kann darauf verzichtet werden, auf die weiteren Positivierungen des Diskriminierungsverbots einzugehen. Die auf allgemeine Prinzipien ausgerichtete Betrachtung kann aber an einem weiteren Fragenkreis nicht vorbeigehen. Es geht um das Verhältnis der bisher erörterten speziellen Diskriminierungsverbote zu einer die internationale Diskriminierung verbietenden Generalklausel.

Im EGKS-Vertrag enthält Art. 4 b) ein allgemeines und unmittelbar verbindliches Diskriminierungsverbot. Im EWG-

---

[55] Diese Aufgabe erfüllt das in Fußnoten 41 und 42 erwähnte Urteil im Lebkuchenfall, RsprGH VIII, 871.

Vertrag finden wir statt dessen lediglich Art. 7 als allgemeines Verbot; doch untersagt er nach dem Wortlaut seines Abs. 1 nur die Diskriminierung aus Gründen der Staatsangehörigkeit.

a) Dieser Wortlaut des Art. 7 stellt uns vor die Frage, ob hier eine Generalklausel oder aber eine weitere spezielle Norm vorliegt, beschränkt auf die Fälle, in denen die Staatsangehörigkeit Motiv einer Unterscheidung ist[56]. Bei solcher Beschränkung hätte Art. 7 kaum eine nennenswerte Bedeutung, wenn man von Fragen des Fremdenrechts absieht, also vom Bereich der für die Frage der Freizügigkeit von Personen gültigen Normen. Eine unmittelbar oder mittelbar unterschiedliche Behandlung aus- und inländischer Waren würde nicht erfaßt, weil sie keine Staatsangehörigkeit haben. Ja die Anwendung des Art. 7 auf juristische Personen wäre zweifelhaft, weil sich in Frage stellen läßt, ob juristische Personen in diesem Sinne Staatsangehörige sein können. Aber selbst für natürliche Personen könnte die Anwendung des Art. 7 ausgeschlossen werden, wenn etwa unterscheidende Regeln nicht an die Staatsangehörigkeit, sondern an den Wohnsitz oder Geschäftssitz anknüpfen, was im Wirtschaftsrecht ohnedies häufiger der Fall sein dürfte[57]. Eine solche Einschränkung des Art. 7 sollte indessen vermieden werden.

Erstens würde die minimale Bedeutung, die Art. 7 bei der hier aufgezeigten Einschränkung allein haben könnte, weder seiner Stellung unter den grundlegenden einleitenden Bestimmungen des EWG-Vertrages noch der Bedeutung des Verbotes internationaler Diskriminierung gerecht. Zweitens würde Art. 7 in dieser minimalen Bedeutung weit hinter dem zurückbleiben, was Art. III GATT als Inländerbehandlung gebietet[58]. Es ist

---

[56] Vgl. dazu aus dem Schrifttum u. a. *van Hecke,* La notion de discrimination, in Les aspects juridiques du Marché Commun, 1956, S. 127; ders., Das Diskriminierungsverbot des Vertrages über die EWG, in Kartelle und Monopole im modernen Recht, 1961, Bd. I, S. 335; *Vonk,* De discriminatieverordening vervoer in de E. E. G., Sociaal Economische Wetgeving Europa, 1960, 170; auch *Valenti,* La tutela degli interessi nella Communità Europee, 1963, S. 130.

[57] Ein Beispiel hierfür bietet der deutsche Plan zur Erhebung von Kapitalertragssteuer für Einkünfte aus festverzinslichen Papieren.

[58] Vgl. dazu oben S. 5.

schwer einsehbar, daß die Vertragsstaaten der EWG einander weniger zugesagt haben sollten, als sie sich und dritten Staaten aus Art. III GATT schulden.

b) Deshalb sollte erwogen werden, in Art. 7 lediglich den unvollkommenen Ausdruck für ein Verbot jeder internationalen Diskriminierung zu sehen und ihn insoweit Art. 4 b EGKS-Vertrag anzupassen. Wie Art. 4 b würde er eingreifen, soweit keine Spezialregelungen getroffen sind.

aa) Als Folge ergäbe sich z. B., daß Art. 7 auch die Fälle des Beimischungszwangs deckt, also auch die Regelung des deutschen Tabaksteuerrechts verbietet, wonach niedrigere Steuersätze für die Fälle vorgesehen sind, in denen ein Erzeuger einen Mindestprozentsatz inländischen Tabaks mitverarbeitet. Das Verbot ginge damit ebenso weit wie Art. III GATT, der ja auch den Beimischungszwang der hier erörterten Art untersagt[59].

bb) Der Wortlaut des Art. 7 erfaßt zwar nur die Diskriminierung aufgrund der Staatsangehörigkeit. Demgegenüber sind drei Gründe für die hier vorgeschlagene Interpretation ins Feld zu führen:

Zunächst wird Art. III GATT stets als Gebot der Inländerbehandlung bezeichnet[60], obwohl Art. III nahezu alle hier erörterten Fälle der internationalen Diskriminierung und nicht nur die Unterscheidung nach der Staatsangehörigkeit trifft, auf die allein der Begriff der Inländerbehandlung verweist. Infolgedessen läge es im Rahmen des im internationalen Recht Üblichen, wenn man die Begriffe der Inländerbehandlung und der

---

[59] Art. III Ziff. 5 GATT bestimmt: „Eine Vertragspartei darf keine inländische Mengenvorschrift über die Mischung, Veredelung oder Verwendung von Waren nach bestimmten Mengen oder Anteilen erlassen oder beibehalten, die mittelbar oder unmittelbar bestimmt, daß eine festgesetzte Menge oder ein bestimmter Anteil der Ware, auf die sich die Vorschrift bezieht, aus inländischen Produktionsquellen stammen muß. Auch sonst darf eine Vertragspartei inländische Mengenvorschriften nicht in einer Weise anwenden, die den Grundsätzen des Absatz 1) widerspricht."

[60] Vgl. *Pingel-Laubereau*, Zeitschrift für Zölle und Verbrauchssteuern 1956, 134; *Muhammad*, a. a. O. S. 163.

Diskriminierung nach der Nationalität auch in der EWG verwendet, um jede internationale Diskriminierung zu treffen[61].

Als zweites Argument kommt die bereits oben getroffene Feststellung hinzu, daß das Diskriminierungsverbot nicht formal, sondern nach seinem Zweck zu interpretieren ist; insbesondere darf danach die Formulierung des Verbots kein Hindernis für eine zweckgemäße Anwendung sein. Als Zweck auch des Art. 7 bietet sich sinnvoll, weil dem Sinne des Gemeinsamen Marktes gemäß, vor allem das generelle Verbot internationaler Diskriminierungen an. Das sollte die Auslegung bestimmen.

Drittens knüpft auch das Diskriminierungsverbot des Art. 37 EWG-Vertrag an die Staatsangehörigkeit an. Es untersagt die unterschiedliche Behandlung der Angehörigen der Mitgliedstaaten. Für die Auslegung des Art. 37 ist man sich aber darüber einig[62], daß sein Verbot jede internationale Diskriminierung, also auch die Unterscheidung nach der Herkunft der Waren erfaßt. Das allein soll seinem Zweck entsprechen. Die zweckgerichtete Interpretation geht also über den Wortlaut hinweg. Das sollte sie auch bei Art. 7 tun können, und zwar mit dem hier vorgeschlagenen Ergebnis.

Demnach sollte der Wortlaut des Art. 7 der hier vorgeschlagenen Interpretation nicht entgegenstehen.

c) Gegen diesen Vorschlag wird man einwenden, daß es Bereiche gibt, in denen eine Generalklausel der hier vorgeschlagenen Art zu weit gehe. Ein Beispiel bieten die deutschen Pläne,

---

[61] Zwar stellt Generalanwalt *Roemer* in seinen Schlußanträgen in der Rechtssache 2 und 3/62, RsprGH VIII, 899 zur Beurteilung der Zulässigkeit von Einfuhrsonderabgaben eine Identität oder Vergleichbarkeit der Ziele und der zu ihrer Erreichung angewandten Verfahren zwischen GATT und EWG in Abrede. Beide Vertragswerke weisen aber doch in dem Bestreben, den zwischenstaatlichen Handel von Verfälschungen zu befreien, Gemeinsamkeiten auf, die einen Vergleich erlauben. Insbesondere liegt es nahe, Praktiken, die bereits im GATT verboten sind, nach dem EWG-Vertrag nicht weniger streng zu behandeln.

[62] Dazu vgl. *Glaesner* bei Wohlfarth-Everling-Glaesner-Sprung, a. a. O. Art. 37 Anm. 4; ebenso die in Fußnote 21 zitierten Empfehlungen der Kommission, dazu *Nissen*, WuW 63, 106.

allein Personen mit Wohnsitz im Ausland mit einer Kapital-
ertragsteuer für Rentenwerte zu belasten. Indessen würden sich
Bedenken gegen ein Verbot der geplanten oder anderer Maßnahmen auch in anderer Weise begegnen lassen.

Art. 4 b) EGKS-Vertrag ebenso wie Art. 7 EWG-Vertrag
untersagen, wenn auch mit unterschiedlichem Wortlaut, Diskriminierungen nur im Rahmen der übrigen Vertragsbestimmungen. Daraus hat der Gerichtshof der Europäischen Gemeinschaften für die EGKS bereits gefolgert[63], daß Art. 4 b) unmittelbar gelte, soweit keine Spezialregelungen existieren. Einer
gleichen Folgerung für die EWG steht nichts im Wege. Sie
würde zu einem sinnvollen Ergebnis führen, denn sie ließe sich
dahin ausgestalten, daß Art. 7 in allen Bereichen unanwendbar
ist, wo entweder besondere Vorschriften zur Diskriminierung
bestehen oder aber der EWG-Vertrag eine Regelung enthält,
nach der (in einem einzelnen Bereich) der Zustand eines Binnen-
markts nicht voll verwirklicht wird; auch in diesem letzteren
Falle ist es sachgemäß, das auf eben den Binnenmarkt abzielende
Gebot der Inländerbehandlung u. U. unangewendet zu lassen.
Damit käme man zu einer Generalklausel, die zur Schließung
von Lücken beitragen und zugleich im Rahmen des EWG-
Rechts gehalten und begrenzt werden kann.

d) Endlich ließe sich einwenden, daß Art. 67 Abs. 1 EWG-
Vertrag für den Kapitalverkehr ausdrücklich Diskriminierungen nach Wohn- und Anlageort von der Diskriminierung nach
der Staatsangehörigkeit unterscheidet, daß er den letzteren Begriff also enger faßt und diesem Begriff nicht jede internationale
Diskriminierung unterordnet. Doch läßt sich auch in Art. 67
eine Spezialvorschrift sehen, die z. B. den nur für den Kapitalverkehr relevanten Begriff des Anlageortes verwendet, die also
auch die Differenzierungsanlässe gesondert regeln will. Als Spezialvorschrift mit dieser Tendenz schließt Art. 67 nicht aus, den
Begriff der Diskriminierung nach der Staatsangehörigkeit für
andere Fälle weiter zu fassen. Nur nebenbei sei bemerkt, daß
die in Deutschland geplante und bereits erwähnte, auf Personen

---

[63] RsprGH II, 91; III, 44/45; a. A. *Spengler*, Die Wettbewerbsregeln der
EWG, BDI Drucksache Nr. 46, S. 32/33.

mit ausländischem Wohnort abstellende Kapitalertragssteuer nach Art. 67 für die Dauer der Übergangszeit und bis zu einer nach Art. 69 ergehenden Entscheidung zulässig ist, weil nach diesen Regelungen Diskriminierungen erst bis zum Ende der Übergangszeit zu beseitigen sind und weil bis zu diesem Zeitpunkt die Neueinführung von Diskriminierungen nicht untersagt ist[64].

e) Es kann hier nicht zu den für den Gemeinsamen Markt und seine Rechtsordnung maßgeblichen Auslegungsprinzipien Stellung genommen werden. Unsere Ausführungen sollten nur die Folgerungen aus der Feststellung ziehen, daß dem Verbot internationaler Diskriminierung in der EWG eine besonders weitreichende Bedeutung zukommt. Wenn man eine teleologische Interpretation des Gemeinschaftsrechts für möglich und geboten hält[65] und wenn man Förmlichkeiten hinter dem materiellen Zweck einzelner Vorschriften zurücktreten läßt, dann ist die hier vorgeschlagene Interpretation des Art. 7 EWG-Vertrag die gebotene Folge.

f) Der Gerichtshof der Europäischen Gemeinschaften scheint in seinem Urteil vom 15. 7. 1964 in der Rechtssache 6/64 der hier vertretenen Auffassung entgegenzukommen. Vor allem tut dies aber ein Urteil des französischen Kassationshofs (Ch. crim.) vom 6. Febr. 1964 (mir einstweilen nur bekannt aus der Veröffentlichung in dem Einzelheft der Gazette du Palais vom 11. bis 14. Juli 1964). Es heißt dort zu Art. 80 EWG-Vertrag, «que les prescriptions ne sont que l'application au domaine des transports

---

[64] Vermutlich haben die Vertragschließenden ein Verbot dieses Inhalts ganz einfach vergessen, denn regelmäßig sieht der EWG-Vertrag vor, daß von seinem Inkrafttreten ab jedenfalls keine neuen Diskriminierungen eingeführt werden dürfen.

[65] In diesem Sinne vor allem das Referat von *Wijckerheld Bisdom* auf der vom Institut für das Recht der europäischen Gemeinschaften an der Universität Köln im April 1963 veranstalteten Tagung (Veröffentlichung steht bevor); entsprechend die Rechtsprechung des Europäischen Gerichtshofes, u. a. RsprGH II, 312; V, 318; VII, 262. Vgl. dazu u. a. *Monaco*, Le istituzioni internazionali di cooperazione europea, 1956, S. 58; *Mathijsen*, Le droit de la Communauté Européenne du charbon et de l'acier, 1958, S. 17 f.; *Ophüls*, Über die Auslegung der Europäischen Gemeinschaftsverträge, Festgabe für *Müller-Armack*, 1961, S. 279; zu zurückhaltend wohl *Coing*, ZHR 125 (1963), 271, bes. 281.

du principe de non-discrimination entre ressortissants des Etats-membres, affirmé à l'art. 7 du traité, lequel interdit toute discrimination exercée en raison de la nationalité; ...» Dieses Urteil wird aus mancherlei Gründen Kritik auslösen. Hier ist beachtlich, daß Art. 80 ausschließlich eine Vorschrift zur Wettbewerbsordnung im Bereiche des Verkehrs ist und mit einer durch die Staatsangehörigkeit motivierten Unterscheidung nicht das Geringste zu tun hat. Wenn ihn der Kassationshof trotzdem als Anwendungsfall eines durch Art. 7 bestätigten Prinzips ansieht, wonach zwischen Angehörigen der Mitgliedstaaten nicht diskriminiert werden darf, so muß dieses Prinzip auf die Wettbewerbsordnung ausgerichtet sein; es kann nicht entscheidend darauf ankommen, daß die unterschiedliche Staatsangehörigkeit in irgendeinem Sinne für eine Diskriminierung motivierend war. Statt dessen ist darauf abzustellen, ob die Freizügigkeit im Gemeinsamen Markt beeinträchtigt wird.

6. Im Ergebnis erlaubt die bisherige Betrachtung einen wichtigen Schluß, der sich übrigens auch schon für die EGKS aus deren Rechtsordnung und Praxis hat ableiten lassen:

Gewiß ist das Wirtschaftsrecht des Gemeinsamen Marktes wie kein anderes Wirtschaftsrecht dadurch ausgezeichnet, daß seine Einzelregelungen im Zusammenhang miteinander entwickelt und anzuwenden sind[66]. Das kann nicht besser als durch die Bestimmung des Art. 8 Abs. 2 EWG-Vertrag ausgedrückt werden, in der es für die stufenweise Verwirklichung des Gemeinsamen Marktes heißt:

„Jeder Stufe entspricht eine Gesamtheit von Maßnahmen, die zusammen eingeleitet und durchgeführt werden müssen."

Dieser Feststellung widerspricht aber nicht, daß die einzelnen Grundsätze des Gemeinschaftsrechts und ihre Verwirklichung in Einzelvorschriften einen unterschiedlichen Rang haben, daß sie insbesondere mit unterschiedlicher Strenge durchgesetzt wer-

---

[66] Dazu etwa *Schmidt*, VersR 1964, 545, 550 mit weiteren Angaben; *Steindorff*, Rechtsschutz und Verfahren in der EWG, 1964.

den. An erster Stelle stehen hierbei die Freizügigkeit, insbesondere innerhalb der Zollunion, und die ihr akzessorischen Normen, darunter das Verbot internationaler Diskriminierung[67].

IV.

Die folgende Untersuchung wird dieses Ergebnis bestätigen, indem sie zurückhaltendere oder abweichende Regelungen für andere Bereiche sichtbar werden läßt.

1. Eine Ungleichbehandlung kann für Personen im Gemeinsamen Markt nicht nur die Folge diskriminierender, von einzelnen Staaten getroffener Maßnahmen sein. Sie kann sich auch daraus ergeben, daß die Personen unterschiedlichen staatlichen Rechtsordnungen unterworfen sind. Da auch eine solche Ungleichbehandlung die par condicio concurrentium beeinträchtigt, mußte das Gemeinschaftsrecht ihr seine Aufmerksamkeit widmen.

Aus der Rechtsprechung des Bundesverfassungsgerichts sind wir an die Feststellung gewöhnt, daß Landesrecht nicht wegen der Abweichung von dem Recht anderer Länder gegen den Gleichheitssatz des Bundesverfassungsrechts verstößt[68]. In Übereinstimmung hiermit wird niemand auf den Gedanken kommen, in der Setzung oder Aufrechterhaltung eines vom Recht der Nachbarstaaten abweichenden Rechts innerhalb der EWG einen Verstoß gegen das Diskriminierungsverbot zu sehen. In der Rechtsprechung des Gerichtshofs der Europäischen Gemeinschaften wird dies bestätigt. Der Gerichtshof hat z. B. in einem Fall, in dem ein Staat (anders als andere) seinen Unternehmen besondere Lasten auflegte, keinen Verstoß gegen das Diskriminierungsverbot angenommen[69]. Der Staat sei in seiner Zuständigkeit beschränkt, und er könne die ausländischen Unternehmen gar nicht belasten, also auch nicht unterschiedlich behandeln. Wenn infolgedessen nur seine eigenen Angehörigen belastet würden, so könne das keine Diskriminierung sein. Das

---

[67] Für die EGKS so schon *Steindorff*, Berichte, a. a. O. S. 104.
[68] BVerfG 1, 264; 3, 158; 10, 371. S. auch *Wengler*, a. a. O. S. 276
[69] RsprGH II, 95; dazu Schlußanträge des Generalanwalts *Roemer*, a. a. O. 133/134.

Urteil, auf das in anderem Zusammenhang noch zurückzukommen sein wird, bestätigt einstweilen, daß die Setzung unterschiedlichen Rechts in den Mitgliedstaaten selbst dann keine internationale Diskriminierung ist, wenn sie, wie im Falle der Sonderlast, einen unmittelbaren und erheblichen Einfluß auf die Wettbewerbsbedingungen ausübt.

Das bereits zitierte Urteil des Gerichtshofes der Europäischen Gemeinschaften in der Rechtssache 6/64 steht den hier getroffenen Feststellungen nicht entgegen. In seinen Gründen findet sich die Feststellung, daß die ungleichmäßige Anwendung des Gemeinschaftsrecht in den Mitgliedstaaten ein Verstoß gegen Art. 7 EWG-Vertrag sein könne. Damit wird in Übereinstimmung mit der oben vertretenen Auffassung zunächst ausgesprochen, daß Art. 7 nicht nur die Fälle der auf unterschiedliche Staatsangehörigkeiten gestützten Unterscheidungen trifft, denn damit hat eine ungleichmäßige Durchsetzung des Gemeinschaftsrechts in den Staaten nichts zu tun. Darüber hinaus impliziert aber das Urteil, daß eine — nach Art. 7 unzulässige — internationale Diskriminierung auch vorliegen kann, wo sich die unterschiedliche Behandlung aus unterschiedlicher Praxis der Staaten innerhalb ihres Bereichs ergibt. Ob das richtig ist und ob der Gerichtshof an dieser Aussage festhalten würde, erscheint mir als zweifelhaft. Jedenfalls subsumiert aber auch der Gerichtshof nicht diejenigen Fälle unter den Diskriminierungstatbestand, in denen die staatlichen Rechtsordnungen einfach voneinander abweichen. Das sind die Fälle für die Rechtsangleichung.

2. Verneinen wir damit den Vorwurf internationaler Diskriminierung, so kann doch nicht daran vorübergegangen werden, daß Unterschiede der nationalen Rechtsordnungen für den zwischenstaatlichen Handel dieselben hemmenden Wirkungen haben können wie die internationale Diskriminierung durch einen Staat. Neben dem soeben erwähnten Fall einer Sonderlast diene hier als Beispiel das Niederlassungsrecht. Dazu soll davon ausgegangen werden[70], daß bei Inkrafttreten des EWG-Vertrags in zwei Staaten genau dieselben Zulassungsbeschränkungen für

---

[70] Dazu *Audinet*, Journal du Droit International (Clunet) 68 (1959), 982, bes. 1024 ff.; *Gaudet*, ZHR 124 (1962), 66 (71); *Everling*, Das Niederlassungsrecht im Gemeinsamen Markt, 1963, S. 55 ff.

ein Gewerbe bestanden, nur mit einem Unterschied im Geltungsbereich: in Staat A nämlich nur für Ausländer, in Staat B dagegen für In- und Ausländer gleichermaßen. Werden die internationalen Diskriminierungen beseitigt, so entfallen die Zulassungsbeschränkungen in Staat A, während sie in Staat B erhalten bleiben. Damit aber ist die Freizügigkeit im Bereich von Staat B nahezu genau so wirksam eingeschränkt, wie wenn nur Staat A die diskriminierenden Beschränkungen beibehielte. Das gilt jedenfalls dann, wenn der Ausländer die Voraussetzungen von Zulassungsbestimmungen in Staat B aus tatsächlichen Gründen nur erheblich schwerer als ein Angehöriger des Staates B erfüllen kann[71]. Ein Beispiel hierfür bietet die Meisterprüfung, wie sie die deutsche Handwerksordnung erfordert (§§ 1 und 7). Dies zwingt zur Feststellung, daß für die Ziele des Gemeinsamen Marktes die auf Verschiedenheiten der nationalen Rechtsordnungen beruhende Ungleichheit ebenso schädlich sein kann wie die internationale Diskriminierung durch einzelne Staaten. Hieraus resultieren die Normen über die Rechtsangleichung im Gemeinsamen Markt, welche die Ungleichheiten der hier erörterten Art beseitigen und damit die Funktion erfüllen sollen, die in einem Bundesstaat in der Regel der Übertragung von Rechtsetzungskompetenzen an die Bundesorgane zukommt[72].

Im Gegensatz zur Behandlung des Diskriminierungsverbots soll die Erörterung der Angleichungsfragen die Generalklauseln des EWG-Vertrages in den Mittelpunkt rücken, also vor allem die auf Art. 3 h) beruhenden Art. 100 und 101, die dort eingreifen, wo keine Spezialregeln die Rechtsangleichung, Harmonisierung usw. ordnen. Die Betrachtung wird zeigen, daß der EWG-Vertrag in dieser Frage weniger streng ist als bei der internationalen Diskriminierung und daß er auch innerhalb der Angleichungsfälle differenziert[73].

---

[71] Vgl. *Everling*, a. a. O. S. 56.

[72] Dazu vgl. BVerfG NJW 1964, 147/148; zu den verschiedenen Methoden der Rechtsvereinheitlichung auch *Stein*, Assimilation of National Laws as a Function of European Integration, Am. J. Intl. Law 58 (1964), 1, 29 f.

[73] Neueste zusammenfassende Darstellungen der Probleme bei *Zweigert*, Grundsatzfragen der europäischen Rechtsangleichung, ihrer Schöpfung und Sicherung, Festschrift für *Dölle*, 1963 II, S. 401, 410 ff., *Hallstein*, RabelsZ 28 (1964), 211, und vor allem bei *Stein*, a. a. O. S. 6—23.

3. Zunächst ist zum Unterschied vom Verbot internationaler Diskriminierungen in förmlicher Hinsicht festzustellen, daß Art. 100 EWG-Vertrag eine einstimmige Beschlußfassung des Rats als Voraussetzung für eine Verpflichtung der Staaten zur Rechtsangleichung fordert. Materiell ist die Befugnis des Ministerrats zur Anordnung einer Rechtsangleichung auf die staatlichen Normen beschränkt, die sich unmittelbar auf die Errichtung oder das Funktionieren des Gemeinsamen Marktes auswirken. Hinsichtlich der Rechtsfolgen kann das Gebot der Rechtsangleichung per definitionem lediglich auf die Beseitigung von Unterschieden, nicht aber auf eine neue und auf die Gemeinschaftszwecke ausgerichtete Rechtsetzung hinwirken[74]. Das Gemeinschaftsrecht hält sich mit der Rechtsangleichung also erheblich stärker zurück als mit dem Verbot internationaler Diskriminierung. Mir scheint, daß wirtschafts- ebenso wie verfassungsrechtliche Gründe für diese Zurückhaltung sprechen.

a) Wirtschaftsrechtlich ist davon auszugehen, daß primär wohl andere Probleme bei der Regelung der Rechtsangleichung Pate gestanden haben, als dies der Beispielsfall der Niederlassungsfreiheit vermuten läßt. Es geht um die Fälle, in denen staatliche Normen, wie etwa die Sozialgesetzgebung, zu Belastungen oder Entlastungen für die Wirtschaft führen und hierdurch die Wettbewerbsbedingungen beeinflussen. Dies läßt sich daraus schließen, daß die strengere Norm zur Rechtsangleichung, nämlich Art. 101 EWG-Vertrag, gerade die Fälle besonders trifft, in denen Kostenbelastungen (oder Entlastungen) sich in einer über das Übliche hinausgehenden Weise auswirken. Die Begründung hierfür wird später zu geben sein. Hier sei vorweggenommen, daß diese Deutung des Art. 101 einen Rückschluß für Art. 100 erlaubt: Auch diese Bestimmung dürfte im Hinblick auf kostenbeeinflussende staatliche Normen entworfen worden sein.

aa) Nun hat eine Spezialnorm zur Rechtsangleichung, nämlich Art. 117 EWG-Vertrag, zu Sozialfragen einen Kompromiß

---

[74] Dazu vgl. *Everling* bei Wohlfarth-Everling-Glaesner-Sprung, a. a. O. Art. 100 Anm. 6; *Thiesing* bei von der Groeben-von Boeckh, a. a. O. Art. 100 Anm. 3; *Strauß*, Fragen der Rechtsangleichung im Rahmen der Europäischen Gemeinschaften, 1959, S. 16 f.

zwischen zwei Auffassungen verwirklicht[75]: Die eine ging dahin,
daß man die Verbesserung und Angleichung der Lebensbedin-
gungen der Arbeitnehmer (und damit der Arbeitskosten) zunächst und entscheidend durch eine Angleichung staatlicher
Normen bewirken müsse, sobald die Freizügigkeit im Gemeinsamen Markt verwirklicht und der Wettbewerb voll eröffnet
werden könnten. Art. 117 sieht deshalb eine solche Angleichung vor. Die Gegenmeinung wollt dagegen die Verbesserung
und Angleichung als tatsächliche Folge davon erwarten, daß
die Freizügigkeit im Gemeinsamen Markt verwirklicht wird.
Diese — wenn man will: liberale — Meinung kommt darin zum
Ausdruck, daß die Vertragschließenden Staaten in Art. 117 ihre
Auffassung kundtun, daß sich die gewünschte Entwicklung auch
aus dem eine Abstimmung der Sozialordnungen begünstigenden
Wirken des Gemeinsamen Marktes ergebe. Hier braucht nicht
entschieden zu werden, ob Art. 117 einen sinnvollen Kompromiß
bedeutet. Entscheidend ist die Feststellung, daß die Vertragsstaaten sich auch hier mit der Rechtsangleichung zurückgehalten
und nicht allein auf die die Sozialverhältnisse manipulierende
Wirkung dieser Rechtsangleichung vertraut haben. Sie haben
stattdessen in liberaler Weise jedenfalls auch darauf gesetzt, daß
das Wirken des Marktes von sich aus erwünschte Bedingungen
und damit eine erforderliche Angleichung herbeiführt.

Möglicherweise läßt sich die Zurückhaltung der Vertragschließenden Staaten im Bereiche des Art. 100 in ähnlicher Weise
als Versuch erklären, die Anpassung der die Kostenlage und der
Wettbewerbsbedingungen beeinflussenden Normen nationalen
Rechts nicht so sehr zu manipulieren, sondern vielmehr ver-
mehrt dem tatsächlichen Druck des Wettbewerbs zu überlassen.
Dies macht es nicht unmöglich, daß Anpassungen im Wege der
Rechtsangleichung vorgenommen werden. Aber diese Anpassungen werden an die gerade erörterten Voraussetzungen ge-
bunden, damit erschwert und damit jedenfalls nicht zur Voraussetzung für die Verwirklichung der Zollunion, der Freizügigkeit gemacht.

---

[75] Vgl. *Sprung* bei Wohlfarth-Everling-Glaesner-Sprung, a. a. O. Art. 117
Anm. 3; *Schmidt*, VersR 64, 545.

bb) Dies schließt selbstverständlich nicht aus, daß die Rechtsangleichung auch in anderen als den Situationen erfolgen kann
und muß, in denen staatliche Rechtsetzung Kosten und damit
Wettbewerbsbedingungen beeinflußt. Ein Hauptfeld dieser
Rechtsangleichung dürften die Fälle sein, in denen sich aus der
Art einer nationalen Regelung Hindernisse für die Freizügigkeit
im Gemeinsamen Markt ergeben. Zu solcher Rechtsangleichung
ermächtigen zahlreiche Einzelregelungen, auf deren Erörterung
hier verzichtet wird, und vor allem Art. 100 EWG-Vertrag
selbst. Als Beispiel sei an den Fall der Niederlassungsfreiheit
erinnert, für den Art. 57 Abs. 2 EWG-Vertrag eine Koordinierung der nationalen Rechtsvorschriften und damit eine Angleichung ermöglicht. Ein weiteres Gebiet der Rechtsangleichung
wird noch später zu erwähnen sein.

cc) Es würde zu weit führen, wenn in diesem Rahmen zu der
umstrittenen Frage Stellung genommen werden sollte, welche
Fälle der Rechtsangleichung Art. 100 nach seinem Tatbestand
erfaßt. Wir begnügen uns deshalb mit zwei Bemerkungen: Sicher
gibt Art. 100 keine Grundlage für eine beliebig weitgespannte
Rechtsangleichung, wie sie das Ziel manches Rechtsvergleichers
sein mag. Jedenfalls dürften die Fälle zur Angleichung nach
Art. 100 Anlaß geben, in denen Unterschiede staatlicher Rechtsordnungen die Freizügigkeit behindern und mit der Kostenlage
die Wettbewerbsbedingungen beeinflussen.

b) Verfassungsrechtlich scheinen mir zwei Gründe für Zurückhaltung mit der Anordnung rechtsangleichender Maßnahmen zu
sprechen:

aa) Einmal spricht hierfür, daß die Staaten mit einem gewissen Recht das in jedem föderalen System selbstverständliche
Interesse an weitgehender Unabhängigkeit werden wahren
wollen[76]. Als Beispiel sei das deutsche Interesse an einer gesun-
deren Ordnung des Handwerks genannt. Daß der EWG-Vertrag

---

[76] Dem entsprechen die zutreffenden Folgerungen für die Erstreckung der
Rechtsetzungsbefugnis der Gemeinschaftsorgane bei *Rabe*, Das Verordnungs-
recht der Europäischen Wirtschaftsgemeinschaft, 1963, S. 130—137. Zur Bestätigung des Textes vgl. auch das bezeichnende Beispiel bei *Stein*, a. a. O.
S. 23.

solche Interessen honoriert, zeigt besonders sein Art. 57 Abs. 2. Er läßt zunächst Mehrheitsentscheidungen des Rats für Anordnungen zu, die auf die Koordinierung staatlicher Vorschriften zur Aufnahme und Ausübung selbständiger Tätigkeiten ausgerichtet sind. Aber er erfordert eine einstimmige Beschlußfassung u. a., wo eine Materie auch nur in einem Staat durch Gesetz geregelt ist, wo also ein besonderes staatliches Interesse besteht. Dem Schutz dieser Interessen dient auch Art. 100 dadurch, daß er nur eine einstimmige Beschlußfassung über die Rechtsangleichung vorsieht.

bb) Aber es gibt noch ein anderes Interesse[77]. Bei der gemäß Art. 100 auf Ratsbeschluß erfolgenden Rechtsangleichung wird das Europäische Parlament gehört, aber eben nur gehört. Die nationalen Gesetzgeber sind — bei allem Spielraum, den ihnen gemäß Art. 189 Abs. 3 EWG-Vertrag die der Rechtsangleichung zugrunde liegenden Richtlinien des Rats lassen mögen — weitgehend nur ausführendes Organ. Die parlamentarische Einflußnahme auf die der Rechtsvereinheitlichung dienende Rechtsetzung ist also gering. Wir wissen aus der deutschen Rechtsgeschichte ebenso wie aus den internationalen oder auch fremden Rechtsbereichen, daß ein solcher Weg der Rechtsvereinheitlichung gerade im Bereiche des Handels- und Wirtschaftsrechts nicht unüblich, daß er vielleicht der notwendige Anfang ist. Aber wem an parlamentarischer Gesetzgebung liegt, der muß bei der Rechtsangleichung zur Zurückhaltung mahnen; er darf weder das Fehlen parlamentarischer Gesetzgebung in der Gemeinschaftsebene übersehen, noch die Bindung der nationalen Parlamente durch die Richtlinien des Ministerrats in mehr als dem unbedingt erforderlichen Ausmaß gutheißen.

4. Nur dort, wo die Ungleichheit nationaler Rechtsordnungen eine Verfälschung der Wettbewerbsbedingungen und hierdurch eine Verzerrung bewirkt, sind gemäß Art. 101 und 102 EWG-Vertrag die Verpflichtungen der Staaten zur Rechtsangleichung bei bestehendem Recht und künftiger Rechtsetzung verschärft. Die Staaten müssen z. B. Mehrheitsentscheidungen des Ministerrats befolgen. Diese Regelung führt zu einem

---

[77] Vgl. dazu *Kitzinger*, The Politics and Economics of European Integration, 1963 und *Stein*, a. a. O. S. 12, 34.

dritten Problemkreis im Rahmen des Gleichheitssatzes. Bei der internationalen Diskriminierung und den Ungleichheiten nationaler Rechtsordnungen hatten wir es bisher mit Fällen zu tun, in denen international ungleich behandelt wird, wenn auch die Ursachen verschiedene sind: einmal die unterschiedliche staatliche Rechtsetzung, zum anderen die diskriminierende Regelung durch einen Staat. Dabei hat sich gezeigt, daß das Gemeinschaftsrecht der unterschiedlichen staatlichen Rechtsetzung gegenüber ungleich duldsamer ist als gegenüber der Diskriminierung durch einen Staat. Der Begriff der Verzerrung führt uns zur Frage nach der Bedeutung, die Differenzierungen innerhalb eines Staates für die Gemeinschaft haben. Es wird sich zeigen, daß ihre Behandlung strenger ist als diejenige der unterschiedlichen staatlichen Rechtsetzung, daß diese Strenge aber hinter dem Verbot internationaler Diskriminierungen zurückbleibt.

Bevor wir uns der innerstaatlichen Diskriminierung zuwenden, soll indessen im folgenden Abschnitt — unter Einbeziehung auch kollisionsrechtlicher Fragen[78] — der Versuch unternommen werden, mit der Erörterung einzelner ausgewählter Probleme die bisherigen Betrachtungen zu vertiefen und zu ergänzen.

V.

1. Die Niederlassungsfreiheit lehrt zunächst,

a) daß das Verhältnis zwischen Rechtsangleichung und Beseitigung internationaler Diskriminierungen ausnahmsweise

---

[78] Eine erste kollisionsrechtliche Erwägung ist uns bereits bei dem vom Gerichtshof der europäischen Gemeinschaften entschiedenen Fall begegnet (Fußnote 69), in dem das Vorliegen einer internationalen Diskriminierung mit der These verneint wurde, daß der Staat, dessen Regelung umstritten war, ausländische Unternehmen gar nicht habe belasten, also nicht behandeln, also auch aus- und inländische Unternehmen nicht haben unterschiedlich behandeln können. Für die EWG würde daraus folgen, daß die staatliche Maßnahme nur unter dem die staatliche Hoheit wenig beeinträchtigenden Gebot der Rechtsangleichung relevant wird, nicht aber unter das strikte Verbot internationaler Diskriminierung fällt. Nun ist die Frage, ob einem Staat die Zuständigkeit für Maßnahmen gegenüber ausländischen Unternehmen fehlt, vom Kollisionsrecht zu beantworten. Kollisionsrechtliche Regeln sind infolgedessen bestimmend für die Abgrenzung zwischen internationaler Diskriminierung und Tatbeständen, die nur durch Rechtsangleichung bewältigt werden können.

von den bisher skizzierten Regeln abweichen kann. Art. 57
Abs. 3 EWG-Vertrag bestimmt, daß die Aufhebung der Beschränkungen für die ärztlichen, arztähnlichen und pharmazeu-
tischen Berufe die Koordinierung der Bedingungen für die Ausübung dieser Berufe in den einzelnen Mitgliedstaaten voraussetzt. Hier ist ausnahmsweise die Rechtsangleichung zur Voraussetzung für ein Wirksamwerden des Diskriminierungsverbots, d. h. der Abschaffung der Regeln gemacht, die ausländischen Ärzten usw. das Tätigwerden im Inland erschweren.

Der Grund ist leicht zu erkennen: Es geht bei den anzuglei-
chenden Regelungen um Regeln des ordre public, die man nicht
ersatzlos streichen kann. Würde die Freizügigkeit vor einer
Vereinheitlichung dieser Regeln hergestellt, so liefe jeder Mit-
gliedstaat die Gefahr, daß wegen dieser Freizügigkeit seine
Normen des ordre public unterlaufen würden. Diese Gefahr
gilt es auszuschließen. Der EWG-Vertrag schützt den ordre
public der Mitgliedstaaten in mehrfacher Weise[79]. Hier tut er
es durch eine Umkehrung des üblichen Verhältnisses zwischen
der Rechtsangleichung und dem Verbot internationaler Diskriminierung. Es erhebt die erstere zur Voraussetzung der letzteren. Man kann verallgemeinern: Vor Herstellung der Freizügigkeit muß der ordre public durch Rechtsangleichung ge-
sichert werden. Damit kommen wir zugleich zu einer weiteren
wichtigen Funktion der Rechtsangleichung: Neben der Herstellung gleicher Wettbewerbsbedingungen (Kosten) und der
Freizügigkeit obliegt es ihr, Nachteile abzuwenden, die durch
die einfache Verwirklichung der Freizügigkeit in einem System
uneinheitlicher Rechtsordnungen verursacht werden könnten.
Zählt der Schutz vor solchen Nachteilen zu den Aufgaben des
ordre public, so muß die Rechtsangleichung der Freizügigkeit
vorausgehen. Art. 56 Abs. 1 EWG-Vertrag bestätigt das ausdrücklich für die Niederlassungsfreiheit.

b) Die Freizügigkeit der Gesellschaften und juristischen Personen[80] stellt uns vor ähnliche Probleme. Zu ihrer Verwirk-

---

[79] Vgl. etwa die Vertragsbestimmungen in Art. 36, 48 Abs. 3 und 56 Abs. 1;
auch Art. 223 und 224.
[80] Vgl. dazu insbesondere *Beitzke*, ZHR 127 (1964), 1; *Everling*, Niederlassungsrecht, a. a. O. S. 32—41.

lichung gehört die Möglichkeit der Sitzverlegung von einem Staat in den anderen ohne Verlust der Rechtspersönlichkeit. Das deutsche internationale Privatrecht steht solcher Sitzverlegung ablehnend gegenüber[81]. Rechtspolitisch läßt sich diese Ablehnung damit begründen, daß die Zulassung der Sitzverlegung es ausländischen Gesellschaften ermöglichen würde, durch Sitzverlegung nach Deutschland hinein dort — vermutlich nunmehr als deutsche Gesellschaften — tätig zu werden, ohne daß sie die Gründungsvorschriften des deutschen Gesellschaftsrechts eingehalten haben. Diese Gründungsvorschriften sind bekanntlich besonders streng und sorgfältig ausgestaltet worden. Als Schutzvorschriften lassen sie sich dem ordre public zurechnen. Es muß vermieden werden, daß sie im Wege der Sitzverlegung umgangen werden können. Daraus ist abzuleiten, daß die Eröffnung der Sitzverlegung eine Voraussetzung hat: nämlich die Angleichung von Schutzvorschriften des Gesellschaftsrechts.

Der EWG-Vertrag ermöglicht es, diese Voraussetzung zu verwirklichen. Er bestimmt in Art. 220 lediglich, daß die Mitgliedstaaten Verhandlungen einleiten, um „die Beibehaltung der Rechtspersönlichkeit bei Verlegung des Sitzes von einem Staat in einen anderen" sicherzustellen. Aus dieser Bestimmung ergibt sich nur eine verhältnismäßig geringe Bindung der Staaten. Jedenfalls erlaubt diese Regelung den Staaten, vor der Sitzverlegung die Angleichung der Schutzbestimmungen des Gesellschaftsrechtes vorzunehmen, wie sie der EWG-Vertrag in Art. 54 Abs. 3 Abs. g) vorsieht und wie wir sie hier als notwendig erkannt haben. Damit kann im Ergebnis wie im Beispielsfall der ärztlichen Berufe verfahren werden.

Der jetzt vorliegende Entwurf einer Richtlinie für eine Angleichung von Schutzbestimmungen[82] trägt dem hier geschilderten Bedürfnis allerdings noch keine Rechnung. Er sieht zwar — insbesondere hinsichtlich der Vertretungsmacht[83] — eine

---

[81] Siehe etwa *Süss*, Sitzverlegung juristischer Personen vom Inland ins Ausland und umgekehrt, Festschrift *Lewald*, 1953, S. 603; *Karl*, AcP 159 (1960), 293, 307; *Kegel* bei SoergelSiebert, BGB 9. Aufl. Bd. V 1961, EGBGB Art. 10 Anm. 23; *Beitzke*, a. a. O. S. 35.

[82] Sonderbeilage zum Bulletin der EWG Nr. 3 — 1964, S. 13 ff.

[83] Art. 10 und 11 des Richtlinienvorschlags.

Vereinheitlichung von Vorschriften vor, die jedenfalls die sich aus Art. 54 ergebende Ermächtigung zur Anordnung rechtsangleichender Maßnahmen überschreiten könnte. Aber er ermöglicht noch keine Vereinheitlichung oder Angleichung der Gründungsvorschriften.

2. Die Freizügigkeit für Gesellschaften verursacht indessen ein weiteres Problem. Im allgemeinen sind die der Freizügigkeit entgegenstehenden Normen dem sogenannten Fremdenrecht zuzurechnen. Die Verwirklichung der Freizügigkeit erfordert einfach einen Abbau dieser fremdenrechtlichen Normen. Dem entspricht in sachgemäßer Weise im wesentlichen Art. 54 Abs. 1 EWG-Vertrag[84].

Bei der Sitzverlegung der Gesellschaften geht es demgegenüber um ein international-privatrechtliches Problem, eine Frage aus dem Bereich des Statutenwechsels. Hier kann man sich nicht mit der Abschaffung beschränkender Normen begnügen, wie sie mit dem Diskriminierungsverbot anzuordnen wäre. Hier genügt nicht einmal eine Angleichung des internationalen Privatrechts, weil diese Angleichung uns dem Ziel nicht näher brächte, falls alle Staaten eine grenzüberschreitende Sitzverlegung in ihrem internationalen Privatrecht ausschließen wollten. Nötig ist vielmehr eine auf das Ziel der Sitzverlegung ausgerichtete und über die Rechtsangleichung hinausgehende Rechtsschöpfung in der Gemeinschaft. Art. 220 sieht hierfür den Weg des Vertragsschlusses zwischen den Mitgliedstaaten vor. Auf den Grund dafür, daß gerade dieser Weg gewählt wurde, ist später noch einzugehen.

3. In dem soeben erörterten Fall hat das Hinzutreten kollisionsrechtlicher Probleme die Verwirklichung der Freizügigkeit erschwert. Wir können uns nicht einfach mit einer Abschaffung fremdenrechtlicher Normen begnügen, sondern müssen ein die Sitzverlegung ermöglichendes internationales Privatrecht schaffen, und zwar auf dem verhältnismäßig umständlichen Wege des internationalen Vertragsschlusses. Umgekehrt

---

[84] Dazu das Allgemeine Programm des Rats zur Aufhebung der Beschränkungen der Niederlassungsfreiheit v. 18. 12. 1961, ABl. 1962, 36.

können kollisionsrechtliche Fragestellungen die Lösung der Gemeinschaftsproblme auch einmal erleichtern. Dies zeigt sich im Bereiche des Steuerrechts.

a) Zur Umsatzausgleichssteuer, die bei der Einfuhr erhoben wird, stellt man gelegentlich die Frage, ob diese Steuer zum Ausgleich nur für inländische Umsatzsteuern oder auch für weitere inländische Steuerlasten erhoben werden und dementsprechend höher bemessen werden kann[85]. Die Verneinung der Frage ergibt sich schon aus den bereits zitierten Ausführungen des Gerichtshofes zu Art. 95 EWG-Vertrag, wo es heißt, daß nur die gleichen Abgaben in gleicher Weise erhoben werden dürfen. Hieraus ist zu folgern, daß die Umsatzausgleichsteuer nur in Höhe der inländischen Umsatzsteuer, nicht aber zum Ausgleich für andere inländische Steuerlasten erhoben werden kann. Der Gerichtshof sagt ausdrücklich, daß Art. 95 nicht jeden beliebigen Ausgleich zwischen einer für eingeführte Waren geschaffenen staatlichen Belastung und einer andersartigen, zum Beispiel wirtschaftlichen Belastung ähnlicher heimischer Waren ermöglicht. Dieses Ergebnis läßt sich indessen noch vertiefen.

b) Wenn Staat A seine Ausfuhr nach Staat B von einer Steuer in Höhe von 4 % entlastet, so erkennt er damit — kollisionsrechtlich gesehen — an, daß für die Erhebung einer solchen Steuer Staat B zuständig ist. Für die Verbrauchssteuern, die den Verbraucher belasten sollen, ist das offensichtlich. Dies bedeutet, daß Staat A seinerseits die Einfuhr mit derselben Steuer belasten kann, denn insoweit ist er ja zuständig. Verfährt Staat A in dieser Weise, so heißt dies — wiederum kollisionsrechtlich gesehen —, daß er seine Kollisionsnormen zu vollkommen zweiseitigen Normen ausgestaltet, also die fremde Kompetenz unter denselben Voraussetzungen wie die eigene annimmt und damit die Gleichbehandlung fremder und eigener Kompetenz im Kollisionsrecht vollzieht.

---

[85] Vgl. die Urteile des EGH in RsprGH VIII, 871 und des Finanzgerichts Bremen, Zeitschrift für Zölle und Verbrauchssteuern 1963, 246 mit Anm. von *Riehle* in Common Market Law Review, 1963, 367. Siehe auch die ähnliche Problematik bei *Kuhn*, AWD 1964, 33.

Nun kann Staat A erwägen, Einfuhren im Wege der Einfuhr-
ausgleichsteuer mit mehr als 4 %/o zu belasten und damit den
Umstand auszugleichen, daß z. B. die Erzeuger in A mit höheren
Einkommen- und Gewerbesteuern als in B belastet sind. Bekanntlich spielen solche Belastungsunterschiede in der EWG eine
erhebliche Rolle, weil das Steueraufkommen der Staaten in
höchst unterschiedlicher Verteilung aus direkten und indirekten
Steuern stammt. Würde Staat A bei diesem Vorgehen die Ein-
kommen- und Gewerbesteuerlast seiner Unternehmen ohne
Rücksicht auf den Umstand bemessen, ob sie einen Teil ihrer
Produktion ausführen, so läge eine kollisionsrechtliche Diskriminierung vor. Hinsichtlich der Einfuhren würde Staat A sich
selbst, also das Einfuhrland, zu einer Ausgleichsteuer auch für
Einkommen- und Gewerbesteuer und damit auch zu dieser Besteuerung ausländischer Erzeuger für kompetent halten. Im
Falle der Ausfuhr aber spräche er die Kompetenz nur dem Aus-
fuhrstaat zu. Die Kollisionsnorm wäre ungleichmäßig ausgestaltet. Man sollte erwägen, auch diese Ausgestaltung als internationale Diskriminierung zu bewerten und deshalb für unzulässig
zu erklären. Damit wäre die kollisionsrechtliche Betrachtung ein
Mittel zur Lösung von Diskriminierungsproblemen, die rechtlich jedenfalls nicht ohne weiteres mit anderen Mitteln bewältigt
werden können[86]. Von hier aus sollte sich auch eine ganze Reihe
international-privatrechtlicher Probleme bewältigen lassen, die
z. B. mit der Anerkennung ausländischer Gesellschaften oder den
Rechtswirkungen anderer, im Ausland vorgenommener Akte
zusammenhängen. Unter dem Diskriminierungsverbot läßt sich
u. U. die Ausgestaltung international-privatrechtlicher Normen
zu vollkommen zweiseitigen Normen verlangen und damit z. B.
auch die Anerkennung ausländischer juristischer Personen usw.
begründen. (Es möge dem Verfasser nachgesehen werden, daß er
auf differenzierende Ausführungen zum internationalen Privat-
und Verwaltungsrecht und den hierbei unterschiedlichen Problemen der zweiseitigen Kollisionsnormen verzichtet. Sie würden
den Rahmen dieser Untersuchung sprengen, ohne zum Thema
erforderlich zu sein.)

---

[86] Die Bedeutung des Kollisionsrechts für das internationale Steuerrecht
hat vor allem *Wengler*, Beiträge zum Problem der internationalen Doppelbesteuerung, 1935, aufgezeigt. Im übrigen ist zu den hier angeschnittenen
Fragen vor allem seine oben Fußn. 4 zitierte Arbeit heranzuziehen.

c) Zusammengefaßt ergibt sich, daß wir Anlaß haben, die im Gemeinschaftsrecht gebotene rechtliche Gleichbehandlung auch auf das Gebiet des Kollisionsrechts auszudehnen. Von hier aus ergibt sich die Frage, ob neben dieser Anwendung des Diskriminierungsverbots wiederum Raum für Rechtsangleichung gegeben ist.

4. Besonderen Anlaß zu dieser Frage geben Fallgruppen, die am Beispiel der Doppelbesteuerung und des Verkehrsrechts verdeutlicht seien.

a) Die Probleme der Doppelbesteuerung sind bekannt. Ein Gut oder Vorgang wird in mehreren, regelmäßig zwei Staaten besteuert, weil die Kollisionsnormen beider Staaten sie in deren Bereich für steuerpflichtig erklären.

Die häufig unter dem Begriff des Frachtenbruchs gekennzeichneten Probleme des grenzüberschreitenden Verkehrs[87] sind teilweise denen der Doppelbesteuerung verwandt. Die Bahntarife sind in den Staaten des Gemeinsamen Marktes degressiv gestaltet. Bei grenzüberschreitenden Transporten verfahren die Bahnen häufig so, daß sie die hereinkommenden Transporte berechnen, wie wenn sie an der Grenze anfingen. Dies bedeutet, daß die im Herkunftsland bis zur Grenze zurückgelegte Strecke bei der Berechnung der Degression nicht mitberücksichtigt wird. Folglich liegt die Binnenfracht für den grenzüberschreitenden Transport höher, als wenn die im Ausland bis zur Grenze zurückgelegte Strecke ebenfalls im Inland gefahren worden wäre. Der grenzüberschreitende Transport kostet infolgedessen mehr als der Binnentransport auf gleicher Entfernung. Ähnliche Probleme tauchen bei einer Doppelbesteuerung auf. Wird eine Ware mit einer Verbrauchsteuer im Herkunftsland und einer ähnlichen Steuer nochmals im Bestimmungsland belastet, so muß sie mehr Lasten als eine im Inland erzeugte und vertriebene Ware tragen. Sie wird in ihrer Konkurrenzfähigkeit gegenüber dem

---

[87] Vgl. die eingehenden Darstellungen bei *Klaer,* Der Verkehr im Gemeinsamen Markt für Kohle und Stahl, 1961, S. 160 ff.; *Meade-Liesner-Wells,* a. a. O. S. 351 ff.; auf diese Problematik ist bereits im Spaak-Bericht hingewiesen, a. a. O. S. 72.

Inlandsprodukt beeinträchtigt. Es fragt sich, ob solche Erscheinungen gegen das Verbot internationaler Diskriminierung verstoßen oder in anderer Weise zu erfassen sind.

b) In den Vereinigten Staaten sind ähnliche Erscheinungen als „Diskriminierung gegen den zwischenstaatlichen Handel"[88] verurteilt worden. In den Steuerfällen wird in der — allerdings nicht immer ganz bis in alle Folgen durchdachten — Rechtsprechung wohl vom einführenden Staat verlangt, daß er eingeführte Ware nur zu einem angemessenen Teil belaste und hierbei berücksichtige, daß sie schon im Herkunftsland einen angemessenen Steueranteil tragen mußte[89]; auf diese Weise soll vermieden werden, daß eine Mehrbelastung des zwischenstaatlichen im Verhältnis zum innerstaatlichen Handel eintritt. Das ist es, was der international-privatrechtlichen Anpassung entsprechen würde. Diese Rechtsprechung hat wohl Pate bei der Formulierung des Freundschafts-, Handels- und Schiffahrtsvertrages zwischen der Bundesrepublik Deutschland und den Vereinigten Staaten von Amerika[90] gestanden, wo es in Artikel 11 Ziffer 4 heißt:

Ein Vertragsteil darf, wenn in seinem Gebiet Gesellschaften oder darin nicht wohnhafte Staatsangehörige des anderen Vertragsteils Handel treiben oder sich dort anderweitig geschäftlich betätigen, keine Steuer, Gebühr oder Abgabe erheben, die über das hinausgeht, was billigerweise seinem Gebiet zurechenbar oder zumeßbar ist; er darf für diese Staatsangehörigen und Gesellschaften keine geringeren Abzüge und Befreiungen gewähren, als seinem Gebiet billigerweise zurechenbar oder zumeßbar sind.

c) Bei diesem amerikanischen Vorgehen wird dasselbe getan, was man im Gemeinsamen Markt mit der Anwendung des Ver-

---

[88] Vgl. aus der Rechtsprechung *Mc Goldrick v. Berwind, White Coal Min. Co.*, 309 US 33 (1940), *Freeman v. Hewit*, 392 US 249 (1946); *Northwestern States Portland Cement Co. v. State of Minnesota*, 358 US 450 (1959), sowie die Kommentierung in 67 ALR 2d 1356. — S. auch *Wengler*, a. a. O. S. 274.

[89] Vgl. etwa *Western Live Stock v. Bureau of Revenue*, 303 US 250 (1938); *Michigan-Wisconsin Pipe Line Co. v. Calvert* 347 US 157 (1954) und aus dem umfangreichen Schrifttum etwa Note: Federal Limitations on State Taxation of Interstate Business, 75 Harv. L. Rev. 953 (1962) und *Kust-Sale*, State Taxation of Interstate Sales, 46 Va. L. Rev. 1290 (1960).

[90] BGBl. 1956 II, 493, 763.

bots internationaler Diskriminierung erreichen könnte. Im Gemeinschaftsrecht wird dieses Verbot auf solche Fälle aber nicht angewandt. Für die Beseitigung des Frachtenbruchs ist in der EGKS beispielsweise ein Abkommen über internationale, durchgerechnete Tarife abgeschlossen worden, das zugleich regelt, in welchem Umfange die einzelnen Bahnen an dem Aufkommen aus den Frachten beteiligt werden sollen[91].

Die kollisionsrechtliche Ordnung, nämlich die Mehrfachverknüpfung der Verkehrsfälle und Steuersachverhalte mit verschiedenen Staatsgebieten, bewirkt zwar, ähnlich wie in den Fällen der Sitzverlegung, eine Art internationaler Diskriminierung: Der grenzüberschreitende Verkehr oder Handel hat höhere Tarife oder Lasten als der Binnenverkehr oder Binnenhandel zu tragen. Trotzdem kann das Verbot internationaler Diskriminierung hier nicht eingreifen:

In den Steuerfällen beruht die diskriminierende Wirkung nicht allein auf dem Verhalten eines einzigen Staates, dem aufgegeben werden könnte, dieses Verhalten abzustellen. Vielmehr tritt sie durch das Zusammenwirken kollisionsrechtlicher Regeln in mehreren Staaten ein, die ein und denselben Vorgang steuerpflichtig machen. Für solche Fälle paßt das Verbot internationaler Diskriminierung nicht, das sich an einzelne Staaten richtet. Für die Steuerfälle und die Tariffälle würde überdies der Diskriminierungsvorwurf gegenüber einzelnen Staaten voraussetzen, daß jeder Staat die Vorsteuerbelastung oder die tatsächlich im Herkunftsland zurückgelegte Strecke mitberücksichtigen müßte. Das aber würde den Prinzipien widersprechen, welche wir für das Diskriminierungsverbot herausgearbeitet haben.

Endlich ist zu den Tariffällen bereits angedeutet worden, daß eine Lösung der Tarifprobleme nur durch eine sachliche Regelung gefunden werden kann, die zugleich die Einnahmen auf die Staaten verteilt. Die amerikanische Praxis erzwingt eine solche Verteilung, indem sie einem einzelnen Staat aufgibt, die Steuerbelastung in anderen Staaten zu berücksichtigen und z. B.

---

[91] ABl. v. 19. 4. 1955, S. 701; dazu *Klaer*, a. a. O. S. 179 ff.

Verbrauchssteuern einem Produkt im grenzüberschreitenden Verkehr lediglich zu einem angemessenen Anteil aufzuerlegen. Wie die Staaten dies berechnen sollen, bleibt ungeklärt[92]. Es steht außer Frage, daß hier — ebenso wie in den Tariffällen — ein die Problematik regelndes zwischenstaatliches Abkommen der bessere Weg wäre. Auch das steht der Anwendung des Diskriminierungsverbots entgegen, welches auf die unabhängige Tätigkeit der Einzelstaaten ausgerichtet ist.

d) Damit zeigt sich, daß auch das staatliche Kollisionsrecht Situationen schafft, in denen im Interesse eines gemeinsamen Marktes eingegriffen werden muß, in denen sich aber das Diskriminierungsverbot nicht eignet. Die Fälle sind dadurch gekennzeichnet, daß Mehrfachbelastungen des zwischenstaatlichen Handels, daß eine Schlechterstellung dieses Handels im Verhältnis zum innerstaatlichen Handel die Folge nicht einseitiger Maßnahmen eines Einzelstaates sind. Sie ergeben sich vielmehr aus dem Zusammenwirken mehrerer Rechtsordnungen und ihrer Kollisionsnormen. Hier liegt die Verweisung auf die Rechtsangleichung nahe.

Nur muß zugleich festgestellt werden, daß die Rechtsangleichung hier ebensowenig wie bei der Sitzverlegung hilft, nämlich immer dann nicht, wenn das Kollisionsrecht der Staaten übereinstimmend Mehrfachverknüpfungen begründet. Zur Bewältigung dieser Probleme ist eine über das Diskriminierungsverbot und die Rechtsangleichung hinausführende und nur durch Staatsvertrag mögliche materielle Regelung erforderlich.

Nur bleibt die Frage, wie die erörterten Fälle dann noch in Beziehung zu unseren drei Grundtypen der Ungleichheit stehen. Zu ihrer Beantwortung muß man die Fälle der Sitzverlegung von den hier zuletzt erörterten Problemen unterscheiden. Das führt uns zugleich zu der oben noch offengelassenen Frage zurück, warum für die Frage der Sitzverlegung in Art. 220 EWG-Vertrag ein Vertragsschluß vorgesehen ist.

---

[92] Die selbständige Lösung der Aufgabe durch die Einzelstaaten ist genau so problematisch wie die sogenannte Anpassung oder Angleichung im internationalen Privatrecht, zu der die amerikanische Regelung manche Parallelen zeigt; vgl. etwa *Kegel*, Internationales Privatrecht, 2. Aufl. 1964, S. 106 ff.

aa) Wo ein Staat die Sitzverlegung einer Kapitalgesellschaft in seinem internationalen Privatrecht verweigert, geht es im Grunde um eine der Freizügigkeit entgegenstehende internationale Diskriminierung durch einen Staat, und zwar nicht anders wie im Fremdenrecht. Diese Diskriminierung könnte wie jede andere solche Diskriminierung einfach untersagt und von jedem Staat selbständig beseitigt werden. Hier liegt der Grund, warum die Rechtsangleichung für dieses Problem nicht paßt. Wenn das Gemeinschaftsrecht für diese Fälle in Art. 220 EWG-Vertrag den Weg des internationalen Vertragsschlusses wählt, so scheint mir dies einen besonderen Anlaß zu haben. Damit wird von dem strikten Diskriminierungsverbot zugunsten einer schmiegsamen Regelung Abstand genommen. Das aber ist hier angemessen, weil mit Rücksicht auf die Schutzfunktionen des Gesellschaftsrechts die Zulässigkeit der Sitzverlegung erst nach einer Angleichung des Gesellschaftsrechts verantwortet werden kann. Gesichtspunkte des nationalen ordre public erzwingen also den Vertragsschluß lediglich als Mittel einer geschmeidigen, den ordre public respektierenden Regelung anstelle des an sich anwendbaren Diskriminierungsverbots.

bb) Bei den Fällen der Doppelbesteuerung und der Verkehrsleistungen scheidet das Verbot internationaler Diskriminierung aus, weil schon sein Tatbestand nicht erfüllt ist und weil seine Rechtsfolgen nicht adäquat sind. Trotzdem liegt eine Art Diskriminierung vor: Der zwischenstaatliche Handel muß höhere Belastungen wie der innerstaatliche Handel tragen. Nur führt diese Art der Ungleichheit über die drei Tatbestände hinaus, die dieser Untersuchung zugrunde gelegt worden sind. Wir haben deshalb hier den Anlaß zur Feststellung, daß es neben der internationalen Diskriminierung durch einen Staat, den Ungleichheiten der Rechtsordnungen verschiedener Staaten und der innerstaatlichen Differenzierung noch einen vierten Tatbestand gibt. Ihm liegen kollisionsrechtliche Regeln der Staaten zugrunde, die übereinstimmen mögen, die aber im Ergebnis zu einer Mehrfachverknüpfung und Mehrbelastung des zwischenstaatlichen Handels führen können. Dieser vierten Fallgruppe der Ungleichheit ist eine eigene Lösung angemessen, für die das Gemeinschaftsrecht im wesentlichen nur den Staatsvertrag zwischen den Mitgliedstaaten zur Verfügung stellt.

5. Zusammengefaßt ergibt sich, daß das Kollisionsrecht selbst gegen das Verbot internationaler Diskriminierung verstoßen kann: so im Falle der Sitzverlegung, aber auch durch seine ungleichmäßige Ausgestaltung, im internationalen Privatrecht u. U. durch einseitige oder unvollkommene zweiseitige Normen (oben 2). Nur scheidet die Anwendung des Diskriminierungsverbotes im Falle der Sitzverlegung aus besonderen Gründen aus.

Darüber hinaus kann die kollisionsrechtliche Ordnung zwischenstaatlicher Sachverhalte durch die Staaten mit der Mehrfachverknüpfung und der hieraus resultierenden Mehrfachbelastung einen eigenen Sachverhalt der Ungleichheit begründen, dessen Bewältigung auch eigener Mittel bedarf.

VI.

Damit bleibt die Aufgabe, die Betrachtung den Fällen sogenannter innerstaatlicher Differenzierung zuzuwenden. Sie sind schon mehrfach berührt worden. Hier soll an den Fall der Heizölsteuer erinnert werden, die aus- und inländisches Öl gleichermaßen trifft, in- und ausländische Kohle gleichermaßen schützt. Daß hier keine internationale Diskriminierung vorliegt, ist bereits gezeigt werden. Es bleibt die Frage, wie solche Differenzierungsfälle zu beurteilen sind.

1. Vielfach beurteilt das Gemeinschaftsrecht innerstaatliche Differenzierungen als für den Gemeinsamen Markt besonders schädlich. Das kommt in Art. 101 und 102 EWG-Vertrag zum Ausdruck, in ähnlicher Weise auch in Art. 67 § 3 EGKS-Vertrag.

In der EWG ist, wie bereits oben angedeutet, das Gebot der Rechtsangleichung in denjenigen Fällen strenger, in denen Unterschiede der Rechtsordnungen nicht nur eine Verfälschung der Wettbewerbsbedingungen, sondern hierdurch eine Verzerrung bewirken. Diese Feststellung führt zu den zur Rechtsangleichung angestellten Betrachtungen zurück. Wir knüpfen daran mit der Feststellung an, daß der Begriff der Verzerrung auf innerstaatliche Diskriminierungen verweist, daß also das Vorliegen solcher Diskriminierungen die Pflicht zur Rechtsangleichung steigert. Nur zur Verdeutlichung sei den folgenden Ausführungen vorausgeschickt, daß es auch bei der Betrachtung der innerstaatlichen Differenzierung nur um die Wirkungen geht, die eine solche Differenzierung auf den Gemeinsamen Markt, also den zwischenstaatlichen Handel, ausübt.

Der Begriff der Verzerrung basiert — was in Ausführungen zur Rechtsangleichung mitunter etwas zu leicht genommen wird[93] — auf einer wirtschaftswissenschaftlichen Erkenntnis, die auch in dem zum Steuerstreit der EGKS erstatteten Tinbergen-Bericht eine wesentliche Rolle gespielt hat. Man behauptet, daß eine ungleiche Belastung oder Entlastung einzelner Wirtschaftszweige eines Landes eine Optimierung des Handels oder Rationalisierung der Erzeugung über die Grenzen hinaus besonders behindere, weil hier Abhilfen versagen, die sonst in internationalen Wirtschaftsbeziehungen möglich sind[94]. Solche Abhilfen sind etwa in der Form einer Veränderung der Währungsparitäten oder einer allgemeinen Auf- oder Abwertung der Währung eines Landes durch inflationistische oder deflationistische Politik denkbar. Mit solchen Abhilfen kann man versuchen, den Auswirkungen allgemeiner Maßnahmen von Nachbarstaaten, etwa dem Import einer allgemeinen Inflation zu entgehen. Aber es ist einleuchtend, daß allgemeine Abhilfen dieser Art versagen, wo im Ausland lediglich einzelne Güter oder Wirtschaftszweige be- oder entlastet werden. Deshalb mag es als besonders angemessen erscheinen, hier andere Abhilfen vorzusehen.

Die hier geschilderte Anknüpfung des Begriffs der Verzerrung bestätigt zunächst, daß es die Rechtsangleichung jedenfalls im Rahmen der Art. 101 f. mit Fällen staatlicher Normen zu tun hat, die eine Belastung oder Entlastung der Unternehmen mit

---

[93] Etwa von *Zweigert*, a. a. O. S. 409/410 mit weiteren Schrifttumsangaben.

[94] Dazu etwa *Ganser-Wilhelmi*, Harmonisierung der Steuersysteme in der EWG, ohne Jahr, S. 14; *Sprung*, FinanzArchiv 20 NF (1959/60), 201/202; *Mesenberg*, BB 1958, 980/981; *Willgerodt*, Umsatzsteuern und Handelsoptimum im Gemeinsamen Markt, Ordo X (1958), 63; *Regul*, FinanzArchiv 16 NF (1955), 323; *Hellwig*, Europ. Wirtsch. 1959, 371.

Kosten bewirken. Damit rechtfertigt sich ein Versuch, die Subventionsregelungen in die Betrachtung mit einzubeziehen, denn auch hier geht es um innerstaatliche Differenzierungen, die die Kosten der Unternehmen beeinflussen.

2. Diese Einbeziehung ist zweckmäßig, weil sie es uns leichter macht, zum Verständnis des Verzerrungsbegriffs vorzudringen, den Art. 101 EWG-Vertrag verwendet. Der Sinn dieses Begriffs ist bisher wenig geklärt[95].

a) Dies dürfte darauf zurückgehen, daß die Theorie, wie sie dem Tinbergen-Bericht sowie dem Verzerrungsbegriff des Art. 101 EWG-Vertrag zugrunde liegt, eine wesentliche Schwäche hat. Sie beruht darauf, daß innerstaatliche Differenzierungen in ihren Wirkungen auf den zwischenstaatlichen Handel nicht durch allgemeine Maßnahmen eines anderen Staates, wie etwa eine Verschiebung der Währungsparitäten abgewehrt werden kann. Sie berücksichtigt aber nicht, daß solche allgemeinen Maßnahmen — wie das Beispiel einer Änderung der Währungsparitäten zeigt — ohnehin in der Wirklichkeit kaum ergriffen werden können. Sie mißachtet zugleich, daß es statt dessen eine ganze Reihe spezieller Maßnahmen gibt, die Einzelstaaten ergreifen können, um die Wirkungen singulärer Eingriffe anderer Staaten in die Wettbewerbsbedingungen abzuwehren. Antidumping-Zölle sind ein bekanntes Beispiel hierfür. Die Theorie läßt damit unbeachtet, daß das Fehlen eines wirksamen Instrumentariums genereller Abwehrmaßnahmen kein ausreichender Anlaß ist, um innerstaatliche differenzierende Maßnahmen einzelner Staaten als besonders gefährlich für den Gemeinsamen Markt anzusehen. In dieser Situation ist es geboten, für die Behandlung der innerstaatlichen Differenzierungen in der EWG eine andere Grundlage zu suchen.

---

[95] *Everling* und *Sprung* in Wohlfarth-Everling-Glaesner-Sprung, a. a. O. Vorbem. 1 vor Art. 100 und 6 vor Art. 95; *Thiesing* bei von der Groeben-von Boeckh, a. a. O. Art. 101 Anm. 2 im Anschluß an den Spaak-Bericht (S. 66) mit Unterschieden hinsichtlich des die Verzerrung bestimmenden Vergleichsmaßstabes; vgl. dazu die Darstellung bei *Zweigert*, a. a. O. 407. Es geht bei der Abgrenzung des Verzerrungstatbestandes u. a. um die Frage der komparativen Kosten, dazu: *Viner*, The Doctrine of Comparative Costs, Weltwirtschaftliches Archiv, Bd. 36 (1932); *Haberler*, The Theory of International Trade, 1936, S. 125 ff.; *Regul*, a. a. O. S. 324—327; *Mesenberg*, BB 1961, 141/142.

Vielleicht läßt sich diese Grundlage mit der Feststellung finden, daß sich das Subventionsverbot des Gemeinschaftrechts vor allem gegen singuläre, einzelne Unternehmen oder Zweige begünstigende Maßnahmen richtet[96]. Das tut es, weil der Wettbewerbsordnung von solchen Maßnahmen stärkere Gefahren drohen als von allgemeinen Maßnahmen. Als Beispiel diene die in Form einer Steuerbefreiung gewährte Hilfe. Sie wird regelmäßig als Subvention oder Beihilfe nur dann bewertet, wenn einzelne Unternehmen von einer allgemeinen Steuer befreit werden[97]. Zu einer solchen singulären Steuererleichterung kann sich ein Staat aus fiskalischen Gründen verständlicherweise leichter als zu einer allgemeinen Steuersenkung entschließen. Dasselbe gilt vom umgekehrten Fall, nämlich von der Steuerbelastung. Die Einführung einer singulären Verbrauchssteuer ist leichter denkbar als die Einführung allgemeiner Steuern, etwa einer allgemeinen Kaufsteuer. Hieraus läßt sich ableiten, daß innerstaatliche Differenzierungen dem Gemeinsamen Markt besonders abträglich sein können. Hier liegt der Grund, warum das Gemeinschaftsrecht schärfer reagieren muß. Dem entspricht das Subventionsverbot. Man sollte im Anschluß hieran erwägen, Verzerrungen dort anzunehmen, wo Rechtsnormen, wie das z. B. im Steuerrecht durchaus geläufig ist, singuläre Regelungen treffen oder wo sie mit allgemeinen Regelungen doch einzelne Unternehmen oder Wirtschaftszweige tatsächlich besonders begünstigen oder beeinträchtigen[98]. Im Ergebnis würde dies staatliche Regelungen treffen, die man normalerweise den sogenannten Maßnahmegesetzen[99] zurechnet. Daß hier besonderer Anlaß besteht, wettbewerbsbeeinträchtigende Wirkungen zu befürchten, bedarf keines Nachweises. Der Anlaß besteht hier ebenso wie bei Subventionierungen, die ja,

---

[96] Vgl. *Steindorff*, WuW 1957, 633, 639; ferner *Welter*, BB 1962, 495; *Fischer*, BB 62, 1186; *Hochbaum*, a. a. O. S. 26; a. A. noch *Reuter*, La CECA, 1953, S. 194/195.

[97] *Ipsen*, Öffentliche Subventionierung Privater, 1956, S. 55; *Hochbaum*, a. a. O. S. 180; *Hesse*, Zeitschrift für Zölle und Verbrauchssteuern 1959, 129; *Welter*, BB 1962, 496.

[98] Vgl. Art. 67 § 3 EGKS-Vertrag.

[99] Vgl. etwa *Menger* und *Wehrhahn*, Das Gesetz als Norm und Maßnahme, VVDStRL Bd. 15, 1957, S. 19 ff., 35 ff.; *Ballerstedt*, Über wirtschaftliche Maßnahmegesetze, Festschrift für Schmidt-Rimpler, 1957, S. 369 ff.; *Zeidler*, Maßnahmegesetz und „klassisches" Gesetz, 1961.

soweit sie auf Gesetz beruhen, selbst Maßnahmegesetze zur
Grundlage haben. Das macht es möglich, von dem jedenfalls verhältnismäßig besser geklärten Subventionsbegriff aus zur Erfas-
sung des Tatbestands einer Verzerrung beizutragen.

b) Einen Einwand gegen diese parallele Beurteilung der Verzerrungen und Subventionen gilt es allerdings noch auszuräumen.
Nach herrschender Auffassung genügt es, wie schon erwähnt
wurde, für die Annahme einer Verzerrung nicht, daß innerstaatliche Differenzierungen vorliegen. Es muß hinzukommen, daß
diese Differenzierungen in ihren Auswirkungen auf den zwischenstaatlichen Handel nicht durch das Vorliegen ebensolcher Differenzierungen in den übrigen Staaten neutralisiert werden.. Dieser
Auffassung liegt vermutlich mehr oder weniger die Theorie der
komparativen Kosten zugrunde[100]. Indessen bedürfen wir ihrer
nicht, weil es eine einfachere Erklärung gibt.

Hier geht es ja um Probleme der Rechtsangleichung. Rechtsangleichung setzt voraus, daß Regelungen der Mitgliedstaaten
voneinander abweichen. Sie ist deshalb per definitionem nicht am
Platze, wo die Staaten wettbewerbsverfälschende oder andere
Maßnahmen übereinstimmend getroffen haben. Dies aber bedeutet, daß das zweite Element des Verzerrungsbegriffs eine sich
aus den möglichen Folgen der Rechtsangleichung ergebende
Selbstverständlichkeit ist. Damit verliert es seine Bedeutung für
deren Tatbestand, und wir sind ohne Rücksicht hierauf in der
Lage, die Tatbestände der Subvention und der Verzerrung auf
einen Nenner zu bringen.

c) Allerdings unterscheiden sich Subventionsverbot und die
Behandlung der Verzerrungen, jedenfalls scheinbar, in einem
weiteren Punkt: Im Gegensatz zur Subventionsregelung in
Art. 92 ff. EWG-Vertrag kennt die Angleichungsregelung keine
Ausnahmen zugunsten wettbewerbsverfälschender Maßnahmen.
Indessen trügt der erste Anschein. Die Rechtsangleichung setzt
ein Tätigwerden der Gemeinschaftsorgane voraus, und schon
hierin ist begründet, daß sie anders als das unmittelbar verbind-

---

[100] Vgl. dazu die Angaben in Fußnote 94 a. E.

liche Subventionsverbot nicht sofort und ausnahmslos wirksam werden wird. Im übrigen bedeutet die Ausschließung der Angleichung und damit im Ergebnis des Verzerrungstatbestandes in den Fällen, in denen Regelungen der Mitgliedstaaten übereinstimmen, eine Annäherung an Ausnahmen zugunsten von Subventionen. Im Grunde heißt dies ja nichts anderes als daß Wettbewerbsverfälschungen jedenfalls von Art. 101 f. EWG-Vertrag nicht erfaßt werden, wenn die Mitgliedstaaten sie übereinstimmend billigen. Das aber führt zu denselben Erwägungen, die den Ausnahmen zugunsten von Subventionen zugrunde liegen. Diese Ausnahmen sind zwar in Art. 92 ff. EWG-Vertrag im einzelnen kodifiziert, beruhen aber doch auch insoweit gerade auf der übereinstimmenden Auffassung der Mitgliedstaaten von der Notwendigkeit gewisser (wettbewerbsverfälschender) Subventionen. Auch insoweit stimmen also die Regelungen überein.

d) Damit dürfte sich herausgestellt haben, daß die innerstaatliche Differenzierung mit ihren schädlichen Wirkungen für die Wettbewerbsbedingungen gleichermaßen zum Einschreiten mit Hilfe des Subventionsverbots wie zu der gegen Verzerrungen gerichteten Rechtsangleichung führt. Sie tut es, weil insbesondere die singulären und deshalb differenzierenden Maßnahmen der Staaten die Wettbewerbsordnung gefährden.

Die Fälle innerstaatlicher Differenzierungen werden aus diesem Grunde strenger beurteilt als andere staatliche Maßnahmen, welche die Wettbewerbsbedingungen beeinflussen oder das Funktionieren des gemeinsamen Marktes beeinträchtigen. Im besonderen liegt hier der Anlaß für die Abgrenzung der allgemeinen Rechtsangleichung von der strengen Regelung der Art. 101 f. Die Ungleichheit rechtlicher Regelungen in den Mitgliedstaaten wird erst dort besonders bedrohlich, wo sie mit einer innerstaatlichen Differenzierung einhergeht. Schließen wir noch einmal an die Bemerkungen zu den Maßnahmegesetzen an: Daß diese Gesetze die Wettbewerbsordnung besonders gefährden, leuchtet ohne weiteres ein. Ebenso aber kann man ohne weiteres feststellen, daß die im Gegensatz zu den Maßnahmegesetzen stehenden generellen und an Gerechtigkeitswerten orientierten Normen die

Wettbewerbsordnung im Zweifel wenig beeinträchtigen werden. Ihnen gegenüber genügt es deshalb, wenn der Rat, etwa nach Art. 100 EWG-Vertrag, nur einstimmig eine Rechtsangleichung beschließen kann.

Andererseits hält sich das Gemeinschaftsrecht auch in den Fällen innerstaatlicher Differenzierung im Verhältnis zum Verbot internationaler Diskriminierung zurück. Dem liegt zugrunde, daß es in der Gemeinschaft ebensowenig wie innerhalb der Mitgliedstaaten möglich ist, auf alle wettbewerbsverfälschenden, den Wirtschaftsablauf beeinflussenden Maßnahmen zu verzichten. Dem entsprechen die Ausnahmen zugunsten von Wettbewerbsbeschränkungen oder -beschränkungen, wie sie sich u. a. aus der Zulassung einzelner Subventionen (Art. 92 Abs. 3, 93 Abs. 2) oder wettbewerbsbeschränkender Vereinbarungen (Art. 85 Abs. 3) und aus dem Verzicht auf ein Verbot wettbewerbsbeschränkender Konzentrationsmaßnahmen ergeben. Der EWG-Vertrag sieht solche Ausnahmen schon in der Grundsatzbestimmung seines Art. 3 Abs. f) vor, indem er dort die Errichtung eines Systems, das den Wettbewerb vor Verfälschungen schützt, nur nach Maßgabe des EWG-Vertrags, also auch nur mit den daraus sich ergebenden Grenzen fordert. Strikt sind nur die den Gemeinsamen Markt konstituierenden, für ihn grundlegenden Gebote der Inländerbehandlung, die Verbote internationaler Diskriminierung.

VII.

Die Ausführungen mögen die im Schrifttum zu findende Auffassung bestätigt haben, daß der Gleichheitssatz in jeder Rechtsordnung sein eigenes Gesicht hat[101]. Der Gleichheitssatz wird eben, auch wenn man ihn auf eine naturrechtliche Basis oder ganz allgemein auf die Gerechtigkeit selbst zurückführt, rechtlich erst relevant, wenn er konkretisiert ist. Der größere Teil solcher Konkretisierungen läßt sich nicht aus naturrechtlichen oder allgemeinen Gerechtigkeitspostulaten ableiten, sondern er ergibt sich aus den hic et nunc für eine Gesellschaft geltenden Prinzipien.

---

[101] So *Ipsen*, Gleichheit, a.a.O. S. 164.

Für den Gemeinsamen Markt sind in den ihn konstituierenden Verträgen wirtschaftsrechtliche und teilweise wirtschafts- und sozialpolitische Prinzipien als verbindlich erklärt worden. Es sollte deshalb nicht überraschen, daß unser Versuch, einen Beitrag zur Konkretisierung des Gleichheitssatzes zu leisten, immer wieder auf solche Prinzipien zurückgreifen mußte.

Mancher Jurist wird fragen, wo im Rahmen solcher Prinzipien die Gerechtigkeit bleibe. Mir scheint, daß der Gerechtigkeit vor allem das Bestreben dient, eine Rangfolge der Ordnungsprinzipien und ein in sich geschlossenes System des Wirtschaftsrechts darzustellen. Es ist aus dem nationalen Bereich bekannt, daß sich das Wirtschaftsrecht pragmatisch entwickelt, daß ihm Kompromisse zwischen den Beteiligten zugrunde liegen und daß solche Kompromisse bis in die Rechtsprechung hineinwirken[102]. Ebenso weiß man, daß solche Kompromisse häufig zur Durchsetzung einseitiger Interessen führen. Im Gemeinsamen Markt läßt sich nichts anderes erwarten. Demgegenüber ist es die erste Aufgabe der Rechtswissenschaft, mit dem Versuch zur Entwicklung eines geschlossenen Systems wenigstens die Gleichbehandlung gleichliegender Fälle innerhalb des Wirtschaftsrechts zu ermöglichen, auf diese Weise der unberechtigten Durchsetzung von Einzelinteressen Einhalt zu gebieten und damit auf dem Wege über den Gleichheitssatz wenigstens ein Mindestmaß von Gerechtigkeit für die Wirtschaftsordnung zu garantieren. Mit diesem Bestreben soll sich der hier vorliegende Versuch zur Sichtbarmachung allgemeiner Prinzipien und zur Systembildung auch gegenüber den im aktuellen Schrifttum überwiegenden Einzeluntersuchungen zu Spezialproblemen legitimieren.

Er dürfte ergeben haben, daß gerade für die verschiedenen Bereiche des Gleichheitssatzes eine differenzierende Anwendung und Ausgestaltung angemessen und dementsprechend auch im Gemeinschaftsrecht vorgesehen ist. Dem strengen Verbot internationaler Diskriminierung steht die zurückhaltende Verpflichtung zur Rechtsangleichung zur Seite. Letztere ist nur verstärkt, wo innerstaatliche Differenzierungen hinzutreten, ohne daß sie

---

[102] In diesem Sinn zuletzt die Rezension von Bundesrichter *Johannsen*, NJW 1964, 642.

die Intensität des Verbots internationaler Diskriminierung erreicht. Andererseits wird dieses strenge Verbot dort abgeschwächt, wo zum Schutze des ordre public eine Rechtsangleichung der Freizügigkeit vorausgehen muß. Mir scheint, daß die Herausarbeitung dieser Ergebnisse zur Deutung und Anwendung des positiven Rechts beizutragen vermag.

Nicht recht sind in die Rangfolge der hier vorgeführten Normen zwei Fallgruppen eingeordnet. Einmal geht es um die Fälle, in denen Rechtsangleichung nötig wird, weil Ungleichheiten der staatlichen Rechtsordnungen nicht nur die Kosten und Wettbewerbsbedingungen ungleich gestalten, sondern unmittelbar die Freizügigkeit beeinträchtigen, wie dies am Beispiel der Niederlassungsfreiheit demonstriert wurde. Für diese Fälle fehlt im EWG-Vertrag eine Verschärfung der Pflicht zur Rechtsangleichung, wie sie um der Sache willen geboten erscheint. Wir sind auf die Hoffnung angewiesen, daß einstimmige Beschlüsse des Rats, wie sie deshalb u. a. nach Art. 100 EWG-Vertrag erforderlich sind, aus der Einsicht in die Dringlichkeit der hier in Frage kommenden Angleichung zustande kommen.

Zum anderen befriedigt die bisherige Ordnung der hier sogenannten Fälle der Mehrfachverknüpfung nicht. Möglicherweise hat man die Bedeutung dieser Fälle nicht klar genug erkannt, als die Gründungsverträge der Gemeinschaften vereinbart wurden. Immerhin hat man nicht nur die Tarifprobleme in der EGKS gelöst, sondern auch Doppelbesteuerungsfragen in der EWG in Angriff genommen. Die Praxis muß damit Lücken füllen, die das Vertragsrecht zunächst gelassen hat. Unsere Betrachtungen können nur die Dringlichkeit dieser Lückenfüllung bestätigen.

Demgegenüber scheint mir die Einordnung der Rechtsangleichungsprobleme dort gelöst zu sein, wo die Rechtsangleichung erforderlich wird, um Nachteile als Folge der Freizügigkeit abzuwenden: Geht es um Fragen des ordre public, so ist die Angleichung sogar eine Voraussetzung der Freizügigkeit. Im übrigen aber kann sie ihr im Rahmen des Art. 100 EWG-Vertrag sowie einzelner Spezialnormen nachfolgen.

polec

Dictionary of politics and economics — Dictionnaire de politique et d'économie — Wörterbuch für Politik und Wirtschaft

Von Harry Back, Horst Cirullies, Günter Marquard. Oktav. VIII, 961 Seiten. 1964. Kunststoffeinband DM 38,—

Die Fachterminologie im politischen und wirtschaftlichen Bereich, besonders auf internationaler Ebene, wird ständig durch neue Begriffe bereichert; sie wird zum Allgemeingut und schafft häufig Verwirrung. Dies gilt sowohl für die Vielfalt der Begriffe aus Politik und Wirtschaft als auch für damit zusammenhängende Themen aus der modernen Technik (Atomtechnik, Raumfahrt usw.) und die ideologische Terminologie.

Polec verzeichnet nicht nur die entsprechenden englischen, französischen und deutschen Begriffe, sondern in 14 000 Stichworten zusätzlich eine Definition und kurze Erläuterung in der jeweiligen Sprache. Das Wörterbuch wird so zum unentbehrlichen Arbeitsinstrument bei jeder internationalen, behördlichen, politischen oder privatwirtschaftlichen Zusammenarbeit. Der Anhang bringt 40 grafische Übersichten.

Lexikon des Privatrechts

2 Bände von Rechtsanwalt Dr. Herbert Kussmann.

I. Bürgerliches Recht. Oktav. VI, 215 Seiten. 1964. DM 14,—

II. Handelsrecht mit Gesellschaftsrecht. Etwa 220 Seiten. 1965. Etwa DM 14,—

Das „Lexikon des Privatrechts" soll nicht nur den Zweck eines Nachschlagewerkes erfüllen und es dem Leser ermöglichen, rasch einen gesuchten Begriff zu finden; nicht nur Hauptbegriffe werden erklärt und erschöpfend erläutert, sondern der Definition eines Hauptbegriffes schließt sich all dasjenige an, was zu ihm gehört oder ihm nachgeordnet ist. Mühelos findet so der Leser eine geschlossene Übersicht über das betreffende Gebiet. Der erste Band berücksichtigt die Änderungen und Ergänzungen des BGB durch das Gleichberechtigungsgesetz, das Wohnungseigentumsgesetz u. a.

Ein Nachschlagewerk, das nicht nur Studenten der Rechtswissenschaften, Volks- und Betriebswirtschaftler anspricht, sondern den ganzen Kreis derjenigen Personen, die sich über die Grundbegriffe des Rechts oder einen einzelnen Rechtsbegriff unterrichten wollen.

Walter de Gruyter & Co. · Berlin 30

Die rechtsprechende Gewalt

Wegmarken des Rechtsstaats in Deutschland

Eine Einführung von Oberlandesgerichtsrat DIETER BRÜGGEMANN. Oktav. XVI, 196 Seiten. 1962. Ganzleinen DM 28,—

„Die gesamte Darstellung ist wissenschaftlich gut fundiert und berücksichtigt den neuesten Stand von Rechtsprechung, Gesetzgebung und Reformvorhaben. Durch zahlreiche aus dem praktischen Rechtsleben gegriffene Beispiele wird die Lektüre gerade auch für den Nichtjuristen ungemein fesselnd und spannend. Wer noch tiefer in die Materie eindringen und sich wissenschaftlich vervollkommnen will, erhält durch ein Schrifttumsverzeichnis und durch viele Hinweise auf einschlägige Gerichtsentscheidungen oder Abhandlungen manche wertvolle Anregung." Neue Juristische Wochenschrift

Die volkswirtschaftlichen Wirkungen von Geldwertsicherungsklauseln

Von Dr. KURT LUBASCH. Groß-Oktav. 97 Seiten. 1964. Kartoniert DM 18,—

Aus dem Inhalt
Argumente gegen und für die Zulassung von Geldwertsicherungsklauseln — Wirkungen auf Schuldner und Gläubiger — Das Problem des Wertmaßstabes — Wirkungen der Geldwertsicherungsklauseln bei einer Hyperinflation und einer schleichenden Inflation — Führt der Verlust der Geldillusion zu einer Beschleunigung der Inflation?

Die Bedeutung des Gesetzeszweckes im internationalen Währungs- und Devisenrecht

Von Dr. KLAUS-ALFRED ERNST. Oktav. XX, 90 Seiten. 1963. DM 15,—
(Neue Kölner Rechtswissenschaftliche Abhandlungen Heft 26)

„Der Verfasser stellt unter Verzicht auf einen umfassenden Überblick über die verschiedenen Lösungsmöglichkeiten an Hand einprägsamer Beispiele aus der Rechtsprechung dar, ob und inwieweit es möglich ist, den räumlichen Geltungsbereich währungs- und devisenrechtlicher Vorschriften, die auf Privatrechtsverhältnisse einwirken, aus ihrem Zweck zu bestimmen. Die Schrift ist damit als ein geglückter Beitrag zur Lösung der aktuellen Frage gedacht, inwieweit Rechtsverhältnisse, die Anknüpfungsmomente in mehreren Staaten aufweisen, von Rechtsnormen mit öffentlich-rechtlichem Charakter eines dieser Staaten erfaßt werden.
Ein besonders umfangreiches Literaturverzeichnis einschließlich anglo-amerikanischer Entscheidungen erleichtert dem Leser das Auffinden weiterer Quellenmaterials für die Auslegung der infrage stehenden Rechtsnormen."
Dr. jur. Erich Overlach in Juristische Neuerscheinungen

Walter de Gruyter & Co. · Berlin 30

WALTER DE GRUYTER & CO. · BERLIN 30

www.ingramcontent.com/pod-product-compliance
Lightning Source LLC
Chambersburg PA
CBHW050654190326
41458CB00008B/2557